孙犁

芸斋漫忆

孙犁 / 著
刘运峰 / 编选

人民文学出版社

图书在版编目（CIP）数据

芸斋漫忆／孙犁著；刘运峰编选.—北京：人民文学出版社，2023
（芸斋文丛）
ISBN 978-7-02-017992-3

Ⅰ.①芸… Ⅱ.①孙…②刘… Ⅲ.①孙犁—自传 Ⅳ.①K825.6

中国国家版本馆CIP数据核字（2023）第082556号

责任编辑　杜　丽　陈　悦
装帧设计　李思安
责任印制　任　祎

出版发行　人民文学出版社
社　　址　北京市朝内大街166号
邮政编码　100705

印　　刷　三河市宏盛印务有限公司
经　　销　全国新华书店等

字　　数　172千字
开　　本　880毫米×1230毫米　1/32
印　　张　8.625　插页3
印　　数　1—4000
版　　次　2023年10月北京第1版
印　　次　2023年10月第1次印刷

书　　号　978-7-02-017992-3
定　　价　65.00元

如有印装质量问题，请与本社图书销售中心调换。电话：010-65233595

目　录

善闇室纪年

《善闇室纪年》摘抄____003
　　一九一三年至一九四九年____003
《善闇室纪年》摘抄____020
　　在安国县____020
　　在北平____023
《善闇室纪年》摘抄____028
　　一九四四年____028
移家天津——《善闇室纪年》摘抄____032
我的读书生活____036

病期经历

一九五六年的旅行____043
　　济　南____044
　　南　京____045

上　海____047

　　杭　州____047

　　跋____049

黄鹂——病期琐事____050

石子——病期琐事____054

红十字医院——病期经历之一____058

病期经历____061

　　小汤山____061

　　青　岛____063

　　太　湖____070

羁旅行踪

保定旧事____077

同口旧事——《琴和箫》代序____085

平原的觉醒____095

"古城会"____100

在阜平 ——《白洋淀纪事》重印散记____105

第一次当记者____110

关于小说《蒿儿梁》的通信____116

关于《山地回忆》的回忆____122

关于《荷花淀》的写作____127

某村旧事____131

唐官屯____138

往事追怀

童年漫忆____143

听说书____143

第一个借给我《红楼梦》的人____146

新春怀旧____149

东宁姨母____149

同乡鲁君____151

装书小记 ——关于《子夜》的回忆____155

小同窗____159

老同学____164

记秀容____168

服装的故事____171

报纸的故事____176

牲口的故事____181

住房的故事____184

猫鼠的故事____187

夜晚的故事____190

吃饭的故事____194

昆虫的故事____197

鞋的故事____200

钢笔的故事____205

书的梦____208

画的梦____215

戏的梦____220
戏的续梦____230

芸斋琐记
吃粥有感____237
文字生涯____240
包袱皮儿____246
菜　花____249
吃菜根____252
拉洋片____254
看电视____257
记春节____260
一本小书的发现____263
故园的消失____265
残瓷人____268

善闇室紀年

《善闇室纪年》摘抄

一九一三年至一九四九年

一九一三年（旧历癸丑），即民国二年，阴历四月初六日，生于河北省安平县东辽城村。村一百余户，东至县城十八里，西南至子文镇三里。子文四、九日有集，三、十月有药王庙会，农民买卖，都在此地。

我上有兄、姐五人，下有弟弟一人，都殇。听母亲说，家境很不好，一次产后，外祖母拆一破鸡笼为她煮饭。我出生时，家已稍裕。父亲幼年，由招赘在本村的一个山西人，吴姓，介绍到安国县学徒，后来吃上了股份，买了一些田，又买了牲口车辆，叫叔父和二舅父拉脚。家境渐渐好转。

我出生后，母亲无奶。母亲说，被一怀孕堂婶进屋"沾"了去，喂以糊。体弱，且有惊风疾，母亲为我终年烧香还愿。惊风病到十岁时，由叔父带我至伍仁桥一人家，针刺手腕（清明日，连三年），乃愈。

一九一九年，六岁，入本村小学。冬季，并上夜学。父亲给我买了一盏小玻璃煤油灯，放学路上，提灯甚乐。我家每年请先生二次，席间，叔父嘱以不要打，因我有病。

一九二四年，十一岁，随父亲至安国县上高级小学。初读文学刊物、书籍，多商务印。

一九二六年，十三岁，考入保定育德中学。保定距安国一百二十里，乘骡车。父亲送考，初考第二师范未取，不得已改考中学，中学费大。

一九二七年，十四岁。休学一年，从寒假起。实系年幼想家，不愿远离。这一年，革命军北伐，影响保定，学校有学潮，我均未见，是大损失。父亲寄家"三民主义"一册，咸与维新之意。是年订婚黄城王氏。越明年，遂与结婚。

一九二八年，十五岁。寒假后复学，见学校大会堂已写上总理遗嘱等标语。作文课，得国文老师称许，并屡次在校刊发表，有小说，有短剧。初中四年期间，除一般课程外，在图书馆借读文学作品。

一九三一年，十八岁。升入本校高中，为普通科第一部，类似文科。其课程有：中国文化史、欧洲文艺思潮史、名学纲要、中国伦理学史、中国哲学史、社会科学概论、科学概论、生物学精义等，知识大进。

读政治经济学批判等经典著作，并作笔记。习作文艺批评，并向刊物投稿，均未用。那时的报刊杂志，多以马列主义标榜，有真有假。真的也太幼稚、教条。然其开拓之功甚大。保定有地下印刷厂，翻印各类革命书籍，其价甚廉，便于穷苦学子。开始购书。

攻读英文，又习作古文，均得佳评。

九一八事变。

一九三三年，二十岁，高中毕业。一二八事变。

高中读书时，同班张砚方为平民学校校长，聘我为女高二级任。学生有名王淑者，形体矮小，左腮有疤陷，反增其娇媚。眼大而黑，口小而唇肥，声音温柔动听，我很爱她。遂与通信，当时学校检查信件甚严，她的来信，被训育主任查出，我被免职。

平校与我读书之大楼，隔一大操场，每当课间休息时，我凭栏南向，她也总是拉一同学，站立在她们的教室台阶上，凝目北视。

她家住在保定城内白衣庵巷，母亲系教民，寡而眇一目，曾到学校找我一次。

以上是三十年代，读书时期，国难当头，思想苦闷，于苦雨愁城中，一段无结果的初恋故事。一九三六年，我在同口教书，同事侯君给我一张保定所出小报，上有此女随一军官，离家潜逃，于小清河舟中，被人追回消息，读之悯然。从此，不知其下落。

一九三四年，二十一岁。春间赴北平谋事，与张砚方同住天仙庵公寓。张雄县人，已在中大读书。父亲托人代谋市政府工务局一雇员职。不适应，屡请假，局长易人，乃被免职。后又经父亲托人，在象鼻子中坑小学任事务员，一年后辞。

在此期间，继续读书，投稿略被采用。目空一切，失业后曾挟新出《死魂灵》一册，扬扬去黑龙潭访友，不为衣食愁，盖家有数十亩田，退有后路也。

有时家居，有时在北平，手不释卷，练习作文，以妻之衣柜为书柜，以场院树荫为读书地，订《大公报》一份。

一九三六年，二十三岁。暑假后，经同学侯士珍、黄振宗介绍，到安新县同口小学教书。同口系一大镇，在白洋淀边。镇上多军阀，小学设备很好。我住学校楼上，面临大街。有余钱托邮政代办所从上海购新书，深夜读之。暇时到淀边散步，长堤垂柳，颇舒心目。

同事阎素、宋寿昌，现尚有来往。在津亦时遇生徒，回忆彼时授课，课文之外，多选进步作品，"五四"纪念，曾作讲演，并编剧演出。深夜突击剧本，吃凉馒头，熬小鱼，甚香。

是年，双十二事变。

一九八五年八月三十日抄

一九三七年，二十四岁。暑假归家，七七事变起，又值大水，不能返校。（原在同口小学任教）国民党政权南逃。我将长发剪去，农民打扮，每日在村北堤上，望茫茫水流，逃难群众，散勇逃兵。曾想南下，苦无路费，并无头绪。从同口捎回服装，在安国父亲店铺，被乱兵抢去。冬季，地方大乱。一夜，村长被独撅枪打倒于东头土地庙前。

一日，忽接同事侯聘之一信，由县政府转来。谓彼现任河北游击军政治部主任，叫我去肃宁。我次日束装赴县城，见县政指导员李子寿。他说司令部电话，让我随杨队长队伍前去。杨队长系土匪出身，他的队伍，实不整饬。给我一匹马，至晚抵肃宁。有令：不准杨队长的队伍进城。我只好自己去，被城门岗兵刺刀格拒。经联系见到宣传科刘科长，晚上见到侯。

次日，侯托吕正操一参谋长，阎姓，带我到安国县，乘大卡车。风大，侯送我一件旧羊皮军大衣。

至安国，见到阎素、陈乔、李之琏等过去朋友，他们都在吕的政治部，有的住在父亲店铺内。父亲见我披军装，以为已投八路军，甚为不安。

随父亲回家，吕之司令部亦移我县黄城一带。李之琏、陈乔到家来访，并作动员。识王林于子文街头，王曾发表作品于大公报"文艺"，正在子文集上张贴广告，招收剧团团员。

编诗集《海燕之歌》（国内外进步诗人作品），后在安平铅印出版，主持其事者，受到黄敬的批评，认为非当务之急。后又在路一主编的《红星》杂志上，发表论文：《现实主义文学论》、《战斗的文艺形式论》，在《冀中导报》发表《鲁迅论》。均属不看对象，大而无当。然竟以此扬名，路一誉之为"冀中的吉尔波丁"云。

一九三八年，二十五岁。春，冀中成立人民武装自卫会，史立德主任，我任宣传部长。李之琏介绍，算是正式参加抗日工作。李原介绍我做政权工作，见到了当时在安平筹备冀中行署的仇友文。后又想叫我帮路一工作，我均不愿。至高阳等县组织分会，同行者有任志远、胡磊。

八月,冀中于深县成立抗战学院,院长杨秀峰,秘书长吴砚农,教导主任陈乔、吴立人、刘禹。我被任为教官,讲抗战文艺及中国近代革命史。为学院作院歌一首。学院办两期,年终,敌人占据主要县城,学院分散,我带一流动剧团北去,随冀中各团体行动。

大力疏散,我同陈肇又南下,一望肃杀,路无行人,草木皆兵,且行且避。晚至一村,闻陈之二弟在本村教民兵武术,叫门不应,且有多人上房开枪。我二人急推车出村,十分狼狈。

至一分区,见到赵司令员,并有熟人张孟旭,他给我们一大收音机,让抄新闻简报。陈颇负责,每夜深,即开机收抄,而我好京戏,耽误抄写,时受彼之责言。

后,我俩隐蔽在深县一大村庄地主家,村长为我们做饭,吃得很好。地主的儿子曾讽刺说:"八路军在前方努力抗日,我们在后方努力碾米。"

曾冒险回家,敌人扫荡我村刚刚走,我先在店子头表姐家稍停留,夜晚到家睡下,又闻枪声,乃同妻子至一堂伯家躲避。这一夜,本村孙山源被绑出枪毙,孙为前县教育局长,随张荫梧南逃,近又北来活动。

时,刁之安为我县特委,刁即前述我至京郊黑龙潭所访之育德同学。刁深县人,外祖家为安平,所以认我们为老乡。为人和蔼,重同乡同学之谊。但我不知他何时参加党组织,并何由担任此重职。

一九三九年，二十六岁。王林与区党委联系，送我与陈肇过路西。当即把车子交给刁，每车与五元之代价，因当时车子在冀中已无用。我的介绍信，由七地委书记签名，由王林起草。我见信上对我过多吹嘘，以为既是抗日，到处通行，何劳他人代为先容，竟将信毁弃。过路后，因无此信，迟迟不能分配工作，迂之甚矣。

同行者，尚有董逸峰，及安平一区干部安姓。夜晚过路时，遇大雨，冒雨爬了一夜山，冀中平原的鞋底，为之洞穿。

过路后见到刘炳彦，刘是我中学下一级同学，原亦好文学，现任团长，很能打仗，送我银白色手枪一支。

在一小山村，等候分配。刘仁骑马来，谈话一次。陈以遇到熟人，先分配。我又等了若干日，黄敬过路西，才说清楚。

分配到晋察冀通讯社，在城南庄（阜平大镇）。负责人为刘平。刘中等个儿，吸烟斗，好写胡风那种很长句子的欧化文章，系地下党员，坐过牢。

通讯社新成立，成员多是抗大来的学生，我和陈肇，算是年岁最大的了。在通讯社，我写了《论通讯员及通讯写作诸问题》小册子，题集体讨论，实系一人所为，铅印出版。此书惜无存者。在通讯指导科工作，每日写指导信数十封，今已不忆都是些什么词句。编刊物《文艺通讯》，油印，发表创作《一天的工作》、《识字班》等。

识西北战地服务团及华北联大文艺学院的一些同志。

生活条件很苦。我带来大夹袄一件，剪分为二，与陈肇各缝褥子一条，以砖代枕。时常到枣林，饱食红枣。或以石掷树上遗留黑枣食之。

冬，由三人组织记者团赴雁北，其中有董逸峰，得识雁北风光，并得尝辣椒杂面。雁北专员为王斐然，即育德中学之图书管理员也。遇扫荡，我发烧，一日转移到一村，从窗口望见敌人下山坡，急渡冰河，出水裤成冰棍。

一九四〇年，二十七岁。晋察冀边区文联成立，沙可夫主任。我调边区文协工作，田间负责，同人有康濯、邓康、曼晴。

编辑期刊《山》（油印）、《鼓》（晋察冀日报副刊）。发表作品《邢兰》等，冬季反扫荡期间，在报纸发表战地通讯:《冬天，战斗的外围》等。

写论文评介边区作者之作。当时，田间的短促锋利的诗，魏巍的感叹调子的诗，邵子南的富有意象而无韵脚的诗，以及曼晴、方冰朴实有含蕴的诗，王林、康濯的小说，我都热情鼓吹过。

识抗敌报（晋察冀军区报纸）负责人丘岗，摄影家沙飞等。

辩论民族形式问题，我倾向洋化。

一九四一年，二十八岁。在此期间，我除患疟疾，犯失眠症一次，住过边区的医院。秋季，路一过路西，遂请假同他们回冀中，傅铎同行。路一有一匹小驴。至郝村，当日下午，王林、路一陪我至家，妻正在大门过道吃饭，荆钗布裙，望见我们，迅速站起回屋。

冀中总部在郝村一带，我帮助王林编《冀中一日》，工作告竣，利用材料，写《区村、连队文学写作课本》一册，此书后在各抗日根据地翻印，即后来铅印本《文艺学习》也。

妻怀孕，后生小达，王林所谓《冀中一日》另一副产品也。

在冀中期间，一同活动者，有梁斌、远千里、杨循、李英儒等。

一九四二年，二十九岁。春末回路西文联岗位。此年冀中敌人"五一大扫荡"。冬季，文联解散，田间下乡。我到晋察冀日报编副刊，时间不长，又调到联大教育学院高中班教国文。

教育学院院长为李常青，他原在北方分局宣传部负责，自我到边区以后，对我很关心。抗战期间，我所教学生，多系短期训练性质，惟此高中班，相处时间较长，接触较多，感情亦较深，并在反扫荡中共过患难。所以在去延安途中和到达延安以后，我都得到过这些男女同学的关怀和帮助。

时达来信说，带来家庭消息，往返六日去听这一消息，说长子因盲肠炎，战乱无好医生，不幸夭折，闻之伤痛。此子名普，殇时十二岁。

一九四三年，三十岁。冬季，敌人扫荡三个月，我在繁峙，因借老乡剪刀剪发，项背生水泡疮，发烧，坚壁在五台山北台顶一小村，即蒿儿梁。年底，反扫荡结束下山，行山路一日，黄昏至山脚。小桥人家，即在目前，河面铺雪，以为平地，兴奋一跃，滑出丈远，脑受震荡，晕过去。同行康医生、刘护士抬至大寺成果庵热炕上，乃苏。

食僧人所做莜麦，与五台山衲子同床。次日参观佛寺，真壮观也。

一九四四年，三十一岁。返至学院，立即通知：明日去延安。（此节已发表，从略。）

一九四五年，三十二岁，八月，日本投降，当晚狂欢。我很早就睡下了。

束装赴前方。我为华北队，负责人艾青、江丰。派我同凌风等打前站，后为女同志赶毛驴。路上大军多路，人欢马腾，胜利景象。小孩置于荆筐，一马驮两个，如两只小燕。

过同蒲路，所带女队掉队，后赶上。

至浑源，观北岳。

至张家口，晋察冀熟人多在，敌人所遗物资甚多，同志们困难久，多捡废白纸备写画之用。邓康、康濯都穿上洋布衣装。邓约我到他住处，洗日本浴。又给我一些钱，在野市购西北皮帽一顶，蚕绸衬衣一件，日本长丝巾一幅，作围巾。

要求回冀中写作，获准。同行一人中途折回，遂一人行。乘火车至宣化，与邓康在车站同食葡萄，取王炜日本斗篷、军毯各一件。从下花园奔涿鹿，经易县过平汉路，插入清苑西，南行，共十四日到家。黄昏进家时，正值老父掩外院柴门，看见我，回身抹泪。进屋后，妻子抱小儿向我，说：这就是你爹！这个孩子生下来还没见过我。

一九八五年八月一日抄

一九四六年，三十三岁。在家住数日，到黄城访王林。同到县城，见到县委书记张根生等。为烈士纪念塔题字并撰写一碑文，古文形式，甚可笑。以上工作，均系王林拉去所为。

到蠡县见梁斌，梁任县委宣传部长，杨崴为书记，杨志昌为副书记，周刚为组织部长。梁愿我在蠡县下乡，并定在刘村。刘村朱家有一女名银花，在县委组织部工作，后与周刚结婚。她有一妹名锡花，在村任干部。梁认为她可以照料我。

到冀中区党委接关系。宣传部长阎子元系同乡，同意我在蠡县下乡。在招待所遇潘之汀，携带爱人和孩子，路经这里，回山东老家。他系鲁艺同人，他的爱人张云芳是延安有名的美人。潘为人彬彬谦和。

又回家一次。去蠡县时，芒种送我一程。寒雾塞天，严霜结衣，仍是战时行动情景。到滹沱河畔，始见阳光。

刘村为一大村，先到朱家，见到锡花和她爷爷、父亲。锡花十七岁，额上还有胎发，颇稚嫩。说话很畅快，见的干部多了。她父亲不务正业，但外表很安静。她爷爷则有些江湖味道，好唱昆曲。

我并没有住在她家。村北头有一家地主，本人同女儿早已参加抗日，在外工作。他的女人，也常到外边住，家里只留一个长工看门。我住在北屋东间，实际是占据了这个宅院，那个长工帮我做饭。他叫白旦，四十多岁，盲一目，不断流泪，他也不断用手背去擦。看来缺个心眼，其实，人是很精细的。对主人忠心耿耿，认真看守家门。

村长常来看望，这是县委的关照。锡花也来过几次，很规矩懂事。附近的女孩子们，也常成群结伙地来玩。现在想起来，我也奇怪，那些年在乡下的群众关系，远非目前可比。

妇救会主任，住在对门，似非正经。她婆婆很势利眼，最初对我很巴结，日子长了，见我既不干预村里事务，又从不开会讲话，而且走来走去，连辆自行车也没有，对我就很冷淡了。

在这里，我写了《碑》、《钟》、《藏》几个短篇小说。

曾将妻和两个孩子接来同住几日，白旦甚不耐烦。在送回他们的途中，坐在大车上，天冷，妻把一双手，插入我棉袄的口袋里。夕阳照耀，她显得很幸福。她脸上皮肤，已变得粗糙。战斗分割，八年时间，她即将四十岁了。

刘村有集，我买过白鲢鱼，白旦给做，味甚佳。

杨循的村子，是隋东，离刘村数里，我去过他家，他的原配正在炕上纺线。梁斌的村子，叫小梁庄，距离更近，他丈人家就在刘村。有一次，传说他的原配回娘家来了，人们怂恿我去看，我没有去。

到河间，因找杨循，住冀中导报社，识王亢之、力麦等。此前，我在延安写的几个短篇，在张家口广播，晋察冀日报转载，并加按语。我到冀中后，冀中导报登一短讯，称我为"名作家"，致使一些人感到"骇人听闻"。当我再去白洋淀，写了《一别十年同口镇》、《新安游记》几篇短文，因写错新安街道等事，土改时，联系家庭出身，竟遭批判，定为"客里空"的典型。消息传至乡里，人们不知"客里空"为何物，不只加深老母对我的挂念，也加重了对家庭的斗争。此事之发生，一、在我之率尔操笔，缺乏调查；二、去新安时，未至县委联系。那里的通讯干事，出面写了这篇批判文章，并因此升任冀中导报记者。三、报纸吹嘘之"名"，引起人之不平。这是写文章的人，应该永远记取的教训。

我恋熟怕生，到地方好找熟人，在白洋淀即住在刘纪处。刘过去是新世纪剧社书记，为人好交朋友，对我很热情，当时在这一带办苇席合作社。进城后曾得病，但有机会还是来看我，并称赞我在白洋淀时的"信手拈来"，使我惭愧。在同口，宿于陈乔家。

六月，在河间。父亲病，立增叔来叫我。到家，父亲病甚重，说是耩地傍耧，出汗受风。发烧，血尿，血痰。我到安国县，九地委代请一医生，也不高明，遂不起。

父亲自幼学徒，勤奋谨慎，在安国县城内一家店铺工作，直到老年。一生所得，除买地五十亩外，在村北盖新房一所。场院设备：牲口棚、草棚、磨棚俱全。为子孙置下产业，死而后已，这是他们这一代人的哲学。另，即供我读书，愿我能考上邮政局，我未能如命，父亲对我是很失望的。

父亲死后，我才感到我对家庭的责任。过去，我一直像母亲说的，是个"大松心"。

我有很多旧观念。父亲死后，还想给他立个碑。写信请陈肇写了一篇简朴的墓志，其中有"弦歌不断，卒以成名"等词句，并同李黑到店子头石匠家，看了一次石头。后因土改，遂成泡影。

一九四七年，三十四岁。春，随吴立人、孟庆山，在安平一带检查工作，我是记者。他二人骑马，我骑一辆破车，像是他们的通讯员。写短文若干篇，发表于冀中导报副刊"平原"，即《帅府巡礼》等。

夏，随工作团，在博野县作土改试点，我在大西章村，住小红家，其母寡居，其弟名小金。一家人对我甚好。我搬到别人家住时，大娘还常叫小金，给我送些吃食，如烙白面饼，腊肉炒鸡蛋等，小红给我缝制花缎钢笔套一个。工作团结束，我对这一家恋恋不舍，又单独搬回她家住了几天。大娘似很为难，我即离去。据说，以后大娘曾带小金到某村找我，并带了一双新做的鞋，未遇而返。进城后，我到安国，曾徒步去博野访问过一次。不知何故，大娘对我已大非昔比，勉强吃了顿饭，还是我掏钱买的菜。归来，我写了一篇"访旧"，非纪实也。农民在运动期间，对工作人员表示热情，要之不得尽往自己身上拉。工作组一撤，脸色有变，亦不得谓对自己有什么恶感。后数年，因小金教书，讲我写的课文，写信来，并寄赠大娘照片。我复信，并寄小说一册。自衡感情，已很淡漠，难责他人。不久，"文化大革命"起，与这一家人的联系，遂断。

在此村，识王香菊一家，写两篇短文。

当进行试点时，一日下午，我在村外树林散步，忽见贫农团用骡子拖拉地主，急避开。上级指示：对地主阶级，"一打一拉"，意谓政策之灵活性。不知何人，竟作如此解释。越是"左"的行动，群众心中虽不愿，亦不敢说话反对。只能照搬照抄，蔓延很广。

与王林骑车南行，我要回家。王说："现在正土改试点，不知你为什么还老是回家？"意恐我通风报信。我无此意。我回家是因为家中有老婆孩子，无人照料。

冬，土改会议，气氛甚左。王林组长，本拟先谈孔厥。我以没有政治经验，不知此次会议的严重性，又急于想知道自己家庭是什么成分，要求先讨论自己，遂陷重围。有些意见，不能接受，说了些感情用事的话。会议僵持不下，遂被"搬石头"，静坐于他室，即隔离也。

会议有期，仓促结束。我分配到饶阳张岗小区，去时遇大风，飞沙扑面，俯身而行。到村，先把头上长发剪去，理发店夫妇很奇怪。时值严冬，街道满是冰雪，集日，我买了一双大草鞋，每日往返踯躅于张岗大街之上，吃派饭，发动群众。大概有三个月的样子。

冀中导报发表批判我的文章。初被歧视，后亦无它。

识王昆于工作组，她系深泽旧家，王晓楼近族。小姐气重，置身于贫下中农间，每日抱膝坐在房东台阶上，若有所思，很少讲话。对我很同情，但没有表示过。半年后，我回家听妻说，王昆回深泽时，曾绕道到我家看望，此情可念也。进城后尚有信。

十数年后，我回故乡，同立增叔在菜园闲话，他在博野城东村打过油。他说大西章是尹嘉铨的老家，即鲁迅《买小学大全记》所记清代文字狱中之迂夫子也。

一九四八年，三十五岁。春，由小区分配到大官亭掌握工作。情节可参看《石猴》、《女保管》等篇，不赘。

麦收时，始得回家。自土地会议后，干部家庭成分不好者，必须回避。颇以老母妻子为念。到家后，取自用衣物，请贫农团派人监临，衣物均封于柜中。

夏季大水。工作组结束，留在张岗写了几篇小说。常吃不饱，又写文章，对身体大有害。

秋，到石家庄参加文艺会议，方纪同行。至束鹿辛集镇观京剧，演员为九阵风，系武旦。到石家庄，遇敌机轰炸。一次观夜戏，突发警报，剧场大乱，我从后台逸出。有本地同志，路熟，临危不肯相顾。

在饭馆吃腐败牛肉，患腹泻。时饭馆尚有旧式女招待，不讲卫生。

华北文艺会议，参加者寥寥。有人提出我的作品曾受批评，为之不平。我默默。有意识正确的同志说：冀中的批评，也可能有道理。我亦默默。

初识吕剑。

为妻买红糖半斤，她要在秋后生产。归途在方纪家吃豆豉捞面，甚佳。

调深县县委任宣传部副部长，区党委决定，为让我有机会接触实际也。书记刘，组织部长穆，公安局长吴，县长李。与县干部相处甚融洽，此因我一不过问工作，二烟酒不分，三平日说说笑笑。穆部长在临别时鉴定：知识分子与工农干部相结合的模范。

与深县中学诸老师游，康迈千最熟。

在深县时，经常回家，路经店子头，看望杜姓表姊。表姊幼失怙恃，养于我家，我自幼得其照料。彼姑颇恶，我到她家，姊仍坐于炕上，手摇纺车不停，一面与我说话。后二年，姊死于难产。

一九四九年，三十六岁。一月，我在深县接方纪电话，说区党委叫我到胜芳集合，等候进天津。到河间，与方纪、秦兆阳同骑车至胜芳。

胜芳为津郊大镇，值冬季，水景不得观览。赶集，有旧书。

冀中导报人员，集中于此，准备进城版面。我同方纪准备副刊一版，我写一短文，谈工厂文艺。另于夜间，写小说《蒿儿梁》一篇。

杨循新婚，携来夫人贾凡，并介绍一新出城女同志至我处，忘其姓名，请吃葵花子一盘。

进城之日，大队坐汽车，我与方纪骑自行车，路上，前有三人并行，我们骑车绕过时，背后有枪声。过一村后，见三人只剩一人，我与方纪搜检之，无他。此自由行动之害也。比至城区，地雷尚未排除，一路伤员、死尸，寸步难行。道路又不熟，天黑始找到报社，当晚睡在地板上。

一九八五年八月二十四日抄

《善闇室纪年》摘抄

在安国县

我十二岁，跟随父亲到安国县上学。我村距安国县六十里路。第一次是同父亲骑一匹驴去的，父亲把我放在前面。路过河流、村庄，父亲就下去牵着牲口走，我仍旧坐在上面。

等到下午三四点钟，才到了县城，一进南关，就是很热闹的了，先过药王庙，有铁旗杆，铁狮子。再过大药市、小药市，到处是黄芪味道，那时还都是人工切制药材。大街两旁都是店铺，真有些熙熙攘攘的意思。然后进南城门洞，有两道城门，都用铁皮铁钉包裹。

父亲所在的店铺，在城里石牌坊南边路东，门前有一棵古槐，进了黑漆大门，有一座影壁，下面有鱼缸，还种着玉簪花。

在院里种着别的花草和荷花。前院是柜房，后院是油作坊。

这家店铺是城北张姓东家，父亲从十几岁在这里学徒，现在算是掌柜了。

店铺对门的大院，是县教育局，父亲和几位督学都相识。我经过考试，有一位督学告诉父亲，说我的作文中，"父亲在安国为商"，"为商"应该写作"经商"，父亲叫我谨记在心，我被录取。

店铺吃两顿饭，这和我上学的时间，很有矛盾。父亲在十字街一家面铺，给我立了一个折子，中午在那里吃。早晨父亲起来给我做些早点。下午放学早，晚饭在店铺吃。终究不方便，半年以后，父亲把母亲和表姐从家里接来，在西门里路南胡家的闲院借住。

父亲告诉我，胡家的女主人是我的干娘，干爹是南关一家药店的东家，去世了。干娘对我很好，她有两个儿子，两个姑娘，大儿子在家，二儿子和我一同上高级小学，对我有些歧视。

这是一家地主，那时，城市和附近的地主，都兼营商业。她家雇一名长工，养一匹骡子，有一辆大车，还有一辆轿车。地里的事，都靠长工去管理，家里用一个老年女佣人，洗衣做饭，人们叫他"老傅家"。

我那位干哥哥，虽说当家，却是个懒散子弟，整天和婶母大娘们在家里斗牌。他同干嫂，对我也很好。

那位干姐，在女子高级小学读书，长得洁白秀丽，好说笑。对我很热情、爱护。她做的刺绣手工和画的桃花，给我留下深刻的印象。她好看《红楼梦》，有时坐在院子里，讲给我的表姐听。表姐幼年丧母，由我母亲抚养成人，帮母亲做活做饭，并不认识字。但记忆力很好。

我那时，功课很紧，在学校又爱上了新的读物，所以并不常看这些旧小说。父亲为了使我的国文进步，请了街上一位潦倒秀才，教我古文。老秀才还企图叫我作诗，给我买了一部《诗韵合璧》，究竟他怎么讲授的，一点印象也没有了。

胡家对门，据说是一位古文家，名叫刁苞的故居。父亲借来他的文集叫我看，我对那种木板刻的大本书，实在没有兴趣，结果一无所得。

这座高小，设在城内东北角原是文庙的地方。学校的教学质量，我不好评议，只记得那些老师，都是循规蹈矩，借以糊口，并没有什么先进突出之处。学校的设备，还算完善，有一间阅览室，里面放着东方杂志、教育杂志、学生杂志、妇女杂志、儿童世界等等，都是商务印书馆的出版物。还有从历史改编的故事，如岳飞抗金兵、泥马渡康王等等。还有文学研究会的小说集，叶绍钧的《隔膜》、刘大杰的《渺茫的西南风》等等，使我眼界大开。

因为校长姓刘，学校里有好几位老师也姓刘，为了便于区分，学生们都给他们起个外号。教我国文的老师叫大鼻子刘。有一天，他在课堂上，叫我们提问，我请他解释什么叫"天真烂漫"，他笑而不答，使我一直莫名其妙。等到我后来也教小学了，才悟出这是教员滑头的诀窍之一，就是他当时也想不出怎样讲解这个词。

父亲和县邮局的局长认识，愿意叫我以后考邮政。那一年，有一位青年邮务员新分配到这个局里，父亲叫我和他交好，在他公休的时候，我们常一同到城墙上去散步，并不记得他教我什么，只记得他常常感叹这一职业的寂寞、枯燥，远离家乡、举目无亲之苦。

干姐结婚后，不久就患肺病死去了，我也到保定读书去了。母亲和表姐，又都回到原籍去。

解放以后，我到安国县去过一次，这一家人，作为地主，生活变化很大。房屋拆除了不少，有被分的，有自卖的。干哥夫妇，在我们居住过的地方，开了一座磨面作坊。

一九八〇年十月十一日晨

在北平

从北平市政府出来以后，失业一段时间，后来到象鼻子中坑小学当事务员。

这座小学校，在东城观音寺街内路北，当时是北平不多几个实验小学之一。

这也是父亲代为谋取的，每月十八元薪金。校长姓刘，是我在安国上小学时那个校长的弟弟，北平师范毕业。当时北平的小学，都由北平师范的学生把持着。北伐战争时期，这个校长参加了国民党，在接收这个小学时，据说由几个同乡同学，从围墙外攻入，登上六年级教室那个制高点，抛掷砖瓦，把据守在校内的非北师毕业的校长驱逐出去。帮他攻克的同乡、同事，理所当然地都是本校教员了。

校长每月六十元薪金，此外修缮费、文具费虚报，找军衣庄给学生做制服，代书店卖课本，都还有些好处。所以他能带家眷，每天早上冲两个鸡蛋，冬天还能穿一件当时在北平很体面的厚呢大外氅。

此人深目鹰鼻，看来不如他的哥哥良善。学校有两名事务员，一个管会计，一个管庶务。原来的会计，也是安国人，大概觉得这个职业，还不如在家种地，就辞职不干了。父亲在安国听到这个消息，就托我原来的校长和他弟弟说，看人情答应的。

但是，我的办事能力实在不行，会计尤其不及格。每月向社会局（那时不叫教育局）填几份表报，贴在上面的单据，大都是文具店等开来的假单据，要弄得支付相当，也需要几天时间。好在除了这个，也实在没有多少事。校长看我是个学生，又刚来乍到，连那个保险柜的钥匙，也不肯交给我。当然我也没兴趣去争那个。

只是我的办公地点太蹩脚。校长室在学校的前院，外边一大间，安有书桌电话，还算高敞；里边一间，非常低小阴暗，好像是后来加盖的一个"尾巴"，但不是"老虎尾巴"，而是像一个肥绵羊的尾巴。尾巴间向西开了一个低矮的小窗户，下面放着我的办公桌。靠南墙是另一位办事员的床铺，北墙是我的床铺。

庶务办事员名叫赵松，字干久，比我大几岁。他在此地干得很久了，知道学校很多掌故，对每位教员，都有所评论，并都告诉我。

每天午饭前，因为办公室靠近厨房，教员们下课以后，都拥到办公室来，赵松最厌烦的是四年级的级任，这个人，从走路的姿势，就可以看出他的自高自大。他有一个坏习惯，一到办公室，就奔痰盂，大声清理他的鼻喉。赵松给他起了一个绰号，叫作"管乐"。这位管乐西服革履，趾高气扬。后来忽然低头丧气起来，赵松告诉我，此人与一女生发生关系，女生怀孕，正在找人谋求打胎。并说校长知而不问，是因同乡关系。

六年级级任，也是校长的同乡，他年岁较大，长袍马褂，每到下课，就一边擦着鼻涕，一边急步奔到我们的小屋里，两手把长袍架起，眯着眼睛，弓着腰，嘴里喃喃着"小妹妹，小妹妹"，直奔赵松的床铺，其神态酷似贾琏。赵松告诉我，这位老师，每星期天都去逛暗娼，对女生，师道也很差。

学校的教室，都在里院，和我们隔一道墙，我不好走动，很少进去观望。上课的时候，教员讲课的声音，以及小学生念笔顺的声音，是听得很清楚的。那时这座小学正在实验"引起动机"教学法，就是先不讲课文的内容，而由教员从另外一种事物引起学生学习课文的动机。不久，小学生就了解老师的做法，不管你怎样引起，他就是不往那上面说。比如课文讲的是公鸡，老师问：

"早晨你们常听见什么叫唤呀！"

"鸟叫。"学生们回答。

老师一听有门，很高兴，又问：

"什么鸟叫啊？"

"乌鸦。"

"没有听到别的叫声吗？"

"听到了，麻雀。"

这也是赵松告诉我的故事。

每月十八元，要交六元伙食费，剩下的钱再买些书，我的生活，可以算是很清苦了。床铺上连枕头也没有，冬天枕衣包，夏天枕棉裤。赵松曾送我两句诗，其中一句是"可怜年年枕棉裤"。

可是正在青年，志气很高，对人从不假借，也不低三下四。现在想起来，这一方面，固然是刚出校门，受社会感染还不深，也并没有实受饥寒交迫之苦；另一方面也因为家有一点恒产，有退身之路，可以不依附他人，所以能把腰直立起来。

这些教员自视，当然比我们高一等，他们每月有四十元薪金，但没有一个人读书，也不备课，因为都已教书多年，课本又不改变。每天吃过晚饭，就争先恐后地到外边玩去了。三年级级任，是定兴县人，他家在东单牌楼开一座澡堂，有时就请同事到那里洗澡，当然请不到我们的名下。

我和赵松，有时寂寞极了，也在星期六晚上，到前门外娱乐场所玩一趟，每人要花一元多钱，这在我们，已经是所费不资了。回来后，赵松总是倒在床上唉叹不已，表示忏悔。后来，他的一位同乡，在市政府当了科长，约他去当一名办事员，每月所得，可与教员媲美。他把遗缺留给他的妹夫，这人姓杨，也是个中学生，和我也很要好。

我还是买些文艺书籍来读。一年级的级任老师，是个女的，有时向我借书看，她住在校内，晚上有时也到我们屋里谈谈，总是站在桌子旁边，不苟言动。

每逢晚饭之后，我到我的房后面的操场上去。那里没有一个人，我坐在双杠上，眼望着周围灰色的墙，和一尘不染的天空，感到绝望。我想离开这里，到什么地方去呢？我想起在中学时，一位国文老师，讲述济南泉柳之美，还有一种好吃的东西，叫小豆腐，我幻想我能到济南去。不久，我就以此为理由，向校长提出辞职，校长当然也不会挽留。

但到济南又投奔何处？连路费也没有。我只好又回到老家去，那里有粥喝。

一九八〇年十月十一日晨

《善闇室纪年》摘抄

一九四四年

一九四四年（三十一岁）返至华北联大教育学院，立即得到通知，明日去延安。

次日，领服装上路，每人土靛染浅蓝色粗布单衣裤两身。我去迟，所得上衣为女式。每人背小土布三匹，路上卖钱买菜。

行军。最初数日，越走离家乡越远，颇念家人。

路经盂县，田间候我于大道。我从机关坚壁衣物处携走田的日本皮大衣一件。

我们行军，无敌情时，日六七十里，悠悠荡荡，走几天就休息一天，由打前站的卖去一些土布，买肉改善伙食。

至陕西界，风光很好。

在绥德休息五天。晋绥军区司令部，设在附近。吕正操同志听说我在这里路过，捎信叫我去。我穿着那样的服装，到他那庄严的司令部做客，并见到了贺龙同志，自己甚觉不雅。我把自己带着的一本线装《孟子》，送给了吕。现在想起来，也觉举动奇怪。

绥德是大山城，好像我们还在那里洗了澡。

清涧县城给我留下了很深的印象。那里的山，是一种青色的、湿润的、平滑的板石构成的。那里的房顶、墙壁、街道，甚至门窗、灶台、炕台、地下，都是用这种青石建筑或铺平的。县城在峭立的高山顶上，清晨黄昏，大西北的太阳照耀着这个山城，确实绮丽壮观。雨后新晴，全城如洗过，那种青色就像国画家用的石青一般沉着。

米脂，在陕北是富庶的地方。县城在黄土高原上，建筑得非常漂亮。城里有四座红漆牌坊，就像北京的四牌楼一样。

我们从敌后来。敌后的县城，城墙，我们拆除了，房屋街道，都遭战争破坏；而此地的环境，还这样完整安静。我躺在米脂的牌坊下，睡了一觉，不知梦到何方。

到了延安，分配到鲁迅艺术文学院，先安置在桥儿沟街上一家骡马店内。一天傍晚，大雨。我们几个教员，坐在临街房子里的地铺上闲话。我说：这里下雨，不会发水。意思是：这里是高原。说话之间，听流水声甚猛，探身外视，则洪水已齐窗台。急携包裹外出，刚刚出户，房已倒塌。仓皇间，听对面山上有人喊：到这边来。遂向山坡奔去。经过骡马店大院时，洪水从大门涌入，正是主流，水位迅猛增高。我被洪水冲倒，弃去衣物，触及一拴马高桩，遂攀登如猿猴焉。大水冲击马桩，并时有梁木、车辕冲过。我怕冲倒木桩，用脚、腿拨开，多处受伤。好在几十分钟，水即过去。不然距延河不到百米，身恐已随大江东去矣。

后听人说，延河边有一石筑戏楼，暑天中午，有二十多人，在戏楼上乘凉歇晌。洪水陡至，整个戏楼连同这些人，漂入延河。到生地方，不先调查地理水文，甚危险也。

水灾后，除一身外，一无所有。颇怨事先没人告诉我们，此街正是山沟的泄水道。次日，到店院寻觅，在一车脚下找到衣包，内有单衣两套。拿到延河边，洗去污泥，尚可穿用。而千里迢迢抱来田间的皮大衣，则已不知被别人捡去，还是冲到延河去了。那根拿了几年的六道木棍，就更没踪影了。

在文学系，名义是研究生。先分在北山阴土窑洞，与公木为邻。后迁居东山一小窑，与鲁藜、邵子南为邻。

一些著名作家、戏剧、音乐、美术专家，在这里见到了。

先在墙报上发表小说《五柳庄纪事》，后在《解放日报》副刊，发表《荷花淀》、《芦花荡》、《麦收》等。提升教员，改吃小灶，讲《红楼梦》。

生活：窑洞内立四木桩，搭板为床。冬季木炭一大捆，很温暖，敌后未有此福也。

家具：青釉瓷罐一，可打开水。大砂锅一，可热饭，也有用它洗脸的。水房、食堂，均在山下。经常吃到牛羊肉，主食为糜子。

刚去时，正值大整风以后，学院表面，似很沉寂。原有人员，多照料小孩，或在窑洞前晒太阳。黄昏，常在广场跳舞，鲁艺乐队甚佳。

敌后来了很多人，艺术活动多了。排练《白毛女》，似根据邵子南的故事。

我参加的生产活动：开荒，糊洋火盒。修飞机场时，一顿吃小馒头十四枚。

延安的土布，深蓝色，布质粗而疏，下垂。冬季以羊毛代棉絮，毛滑下坠。肩背皆空。有棉衣，甚少。邓德滋随军南下，相约：在桥儿沟大道上，把他领到的一件棉上衣换给我。敌后同来的女同志，为我织毛袜一双，又用棉褥改小袄一件，得以过冬。

讲课时，与系代主任舒群同志争论。我说《红楼梦》表现的是贾宝玉的人生观。他说是批判贾宝玉的人生观，引书中《西江月》为证。

沙可夫同志亦从前方回来，到学院看我，并把我在前方情况，介绍给学院负责人宋侃夫同志。沙见别人都有家眷，而我独处，关怀地问：是否把家眷接来？彼不知无论关山阻隔，小儿女拖累，父母年老，即家庭亦离她不开。

一九七九年

移家天津

——《善闇室纪年》摘抄

一九四九年一月，我随《冀中导报》的人马，进入天津，在新办的《天津日报》工作。很多同志，都有眷属。过了春节，我也想回家去看看。还想像来时一样，骑那辆破自行车。可是没走出南市，我就退回来了。一是我骑车技术不行，街上人太多，一时出不了城。二是我方向也弄不清，怕走错了路。我到长途汽车站买了一张去河间的票，第二天清晨上车，天黑了才到河间。河间是熟地方，我投宿在新华书店，先去雇了一辆大车。第二天车夫又变了卦，不愿去了。我只好步行到肃宁，那里有一个熟识的纸厂，住了一宿，再坐纸厂去安国的大车，半路下车，走回老家。

这次回家，为了减轻家里的负担，把二女儿带出。先由她舅父用牛车把我们送到安国县，再买长途汽车票。那时的长途汽车，都是破旧的大卡车，卖票又没限制，路上不断抛锚。二女儿因为从小没有跟过我，一路上很规矩，她坐在车边，碰掉一个牙齿，也不敢哭。

到了天津，孩子住在我那间小屋里，我白天上班，她一个人在屋里，闷了就睡觉，有一天真哭了。我带她去投考附近的一所小学，老师随便考试了一下，就录取了。

以后，母亲随一位要去上海的亲戚，来天津一次；大女儿也随她堂叔父从河道坐船来天津一次，都住在我那间小屋里，都是住上十天半月，就又回老家了。

第二年春天，才轮到我的妻子来。我先写了一封信，说是要坐火车，不要坐汽车。结果她还是跟一个来天津的亲戚，到安国上的长途汽车，也是由小孩的舅父套牛车去送。她带着两个孩子，一个会跑，一个还抱着。车上人很挤，她怕把孩子挤坏，车到任丘，她就下车了，也不知道，任丘离天津还有多远。

那个带他们的亲戚，到了天津，也不到我的住处，只是往办公室打了一个电话说：

"你的家眷来了。"

我问在哪里，他才说在任丘什么店里。

我一听就急了，一边听电话，一边请身边的同志，把店名记下来。当即找报社的杨经理去商议。老杨先给了我一叠钞票，然后又派了一辆双套马车，由车夫老张和我去任丘。

我焦急不安。我知道，她从来没出过远门。只是娘家到婆家，婆家到娘家，像拐线子一样，在那只有八里路程的道上，来回走过。身边还有两个小孩子。最使我担心的，是她身上没有多少钱。那时家里已经不名一文，因此，一位邻居，托我给他的孩子在天津买一本小字典，我都要把发票寄给人家，叫人家把钱还给家里用。她这次来得仓促，我也没有寄钱给她们，实在说，我手里也没有多少钱。

不管我多么着急，大车也只能明天出发，不能当晚出发。第二天，车夫老张又要按部就班地准备，等到开车，已经是上午九点了。在路上打尖时，我迎住了一辆往南开的汽车，请司机带一个纸条，到任丘交给店里。后来知道，人家也没照办。

第二天下午三点左右，才到了任丘，找到了那家店房。妻和两个孩子，住在店掌柜的家里。早有人送了信去，都过来了。我要了几碗烩饼，叫他们饱吃一顿。

妻一见我，就埋怨：为什么昨天还不来。我没有说话。她说已经有两顿不敢吃饭了，在街上买了一点棒子面，到野地去捡些树枝，给男孩子煮点粥。

她去和店家的女主人说了说，当晚我也和他们住在一起。那时老区人和人的关系，还是很朴实的。

第二天一早，告别店主，一家人上车赶路，天晚宿在唐官屯店中，睡在只有一张破席的炕上。荒村野店，也有爱情。

她来时，家里只有一件她自己织的粗布小褂，也穿得半旧了。向邻家借了一件旧阴丹士林褂子，穿在身上。到了天津，我去买了两丈蓝布，她在我屋里缝制了一身新衣。

我每天上班，小屋里住了一家四五口人，不得安静。几口人吃公家的饭，也不合适，住了大约有半月时间，我就叫她回去。先是说跟报社一位同志坐火车走，我把他们送到车站，上车的人太多，太拥挤，怕她带不好孩子，又退票回来了。过了几天，有《河北日报》的汽车回去，他们跟人家的车，先到保定，在那里工作的熟人，照顾他们，给雇了一辆大车，回到家里，正是麦收时候。

又过了半年，报社实行薪金制，我的稿费收入也多些了，才又把他们接出。稍后又把母亲和大女儿接出，托报社老崔同志，买了米面炉灶，算是在天津安了家。

我对故乡的感情很深。虽然从十二岁起，就经常外出，但每次回家，一望见自己家里屋顶上的炊烟，心里就升起一种难以表达难以抑制的幸福感情。我想：我一定老死故乡，不会流寓外地的。但终于离开了，并且终于携家带口地离开了。

一九八四年四月二十三日

我的读书生活

最近，北京一位朋友，独创新论，把我的创作生活，划为四个阶段。我觉得他的分期，很是新颖有意思。现在回忆我的读书生活，也按照他的框架，分四期叙述：

一、中学六年，为第一期。

当然，读课外书，从小学就开始了。在村中上初小，我读了《封神演义》和《红楼梦》。在安国县上高小，我开始读新文学作品和新杂志，但集中读书，还是在保定育德中学的六年。

那时中学，确是一个读书环境。学校收费，为的是叫人家子弟多读些书；学生上学，父母供给不易，不努力读书，也觉得于心有愧。另外，离家很远，半年才得回去一次。整天吃住在学校，不读书，确实也难打发时光。特别是在高中二年，功课不那么紧，自己的学识，有了些基础，读书眼界也开阔了一些，于是就把大部分时间，用在读书上。读书的方式，一是到阅览室看报、看杂志。二是在图书馆借阅书籍。三是少量购买。读书兴趣，初中时为文艺作品，高中时为哲学、政治经济学和新的文艺理论。

中学时期，记忆力好，读过的书，能够记得大概，对后来有用处。

二、毕业后流浪和做事，为第二期。

在北平流浪、做事，断断续续，有三年时间，主要也是读书。逛市场，逛冷摊，也算是读书的机会。有时买本杂志，买本心爱的书，带回公寓看，那是很专心的。后来到安新县同口镇小学教书一年，教务很忙，当一个班的级任，教三个班的课，看两个班的作文，夜晚还得要读些书，并做笔记。挣钱虽少，买书算是第一用项。

三、抗日战争和解放战争，为第三期。

这合起来是十一个年头。读书，也只能说是游击式的，逮住什么就看点什么，说什么时候集合，就放下不读。书也多是房东家的，自己也不愿多带书，那很累人。

在延安一年多，生活比较安定，鲁艺有个图书室，借读了一些书。

这十一年中，当然谈不上买书。

四、进城四十多年，为第四期。

进城后，大量买书，已时常记在文字，不细说。其间又分几个小阶段：

初期，还买一些新的文艺书，后遂转为购置旧书。购旧书，先是买新印的；后又转为买石印的、木版的。

先是买笔记小说，后买正史、野史。以后又买碑帖，汉画像砖、铜镜拓片。还买出土文物画册，汉简汇编一类书册。总之是越买离本行越远，越读不懂，只是消磨时间，安定心神而已。

石印书、木版书，一般字体较大，书也轻便，对老年人来说，已是难得之物，所以我还是很爱惜它们。这些书，没有标点，注释也很简单，读时费力一些，但记得准确。现在，有些古书，经专家注释，本来很薄的一本，一下涨成了很厚的一册。正文夹在注释中间，如沉入大海，寻觅都难。我觉得这是喧宾夺主。古人注书，主张简要，且夹注在正文之间，读起来方便。另外，什么都注个详细，对读者也不一定就好。应该留些地方，叫读者自己去查考，渐渐养成治学的本领。我这种想法，不知当否？

我的读书，从新文艺转入旧文艺；从新理论转到旧理论；从文学转到历史。这一转化，也不知道是怎么形成的。这只是个人经历，不足为法。

我近年已很少买书，原因是，能买到的，不一定想看；想看的，又买不起。大部头的书，没地方安置，也搬拿不动了。

虽然买了那么多旧书，中国古典散文、诗歌，读得多些。词、曲，读得并不多。特别是宋词，中学时买过一些，现存的《全宋词》、《六十名家词》，都捆放在那里，未能细读。元曲也是这样，《六十种曲》、《元曲选》，买来都未细读。只是在中学时，迷恋过一阵《西厢记》和《牡丹亭》。这两种剧本，经我手，不知买过多少次。赋也不大喜欢读。近年在读《汉书》时，才连带读上一遍，也记不住了。

人的一生，虽是爱书的人，书也实在读不了多少，所以我劝人读选本。老年，对书的感情，也渐渐淡了，远了。

平生读书是为了增加知识，探求文采。不读浅薄无聊之书，不看下流黄色小说，不在这上面浪费时光。一经发见，便不屑再顾。这绝非欺人之谈。

总之，青年读书，是想有所作为，是为人生的，是顺时代潮流而动的。老年读书，则有点像经过长途跋涉之后，身心都有些疲劳，想停下桨橹，靠在河边柳岸，凉爽凉爽，休息一下了。

一九九二年三月

病期经历

一九五六年的旅行

一九五六年的三月间,一天中午,我午睡起来晕倒了,跌在书橱的把手上,左面颊碰破了半寸多长,流血不止。报社同人送我到医院,缝了五针就回来了。

我身体素质不好,上中学时,就害过严重的失眠症,面黄肌瘦,同学们为我担心。后来在山里,因为长期吃不饱饭,又犯了一次,中午一个人常常跑到村外大树下去静静地躺着。

但我对于这种病,一点知识也没有,也没有认真医治过。

这次跌了跤,同志们都劝我外出旅行。那时进城不久,我还不像现在这样害怕出门,又好一人孤行,请报社和文联给我打算去的地方,开了介绍信,五月初就动身了。

对于旅行,虽说我还有些余勇可贾,但究竟不似当年了。去年秋天,北京来信,要我为一家报纸,写一篇介绍中国农村妇女的文章。我坐公共汽车到了北郊区。采访完毕,下了大雨,汽车不通了。我一打听,那里距离市区,不过三十里,背上书包就走了。过去,每天走上八九十里,对我是平常的事。谁知走了不到二十里，腿就不好使起来，像要跳舞。我以为是饿了，坐在路旁，吃了两口郊区老乡送给我的新玉米面饼子，还是不顶事。勉强走到市区，雇了一辆三轮，才回到了家。

这次旅行，当然不是徒步，而是坐火车，舒服多了，这应该说是革命所赐，生活条件，大为改善了。

济　南

第一个目标是济南。说也奇怪，从二十岁左右起，我对济南这个地方，就非常向往。在中学的国文课堂上，老师讲了一段《老残游记》，随后又说他幼小时跟着父亲在济南度过，那里的风景确实很好。还有一种好吃的东西，叫做小豆腐。这一段话，竟在我心里生了根。后来在北平当小学职员，不愿意干了，就对校长说：我要到济南去了，辞了职。当然没有去成。

在济南下车时，也就是下午一二点钟。雇了一辆三轮，投奔山东文联。那时王希坚同志在文联负责，我们是在北京认识的。

济南街上，还是旧日省城的样子，古老的砖瓦房，古老的石铺街道。文联附近，是游览区，更热闹一些，有不少小商小贩，摆摊叫卖。文联大院，就是名胜所在，有泉水，种植着荷花，每天清晨，人们就在清流旁盥洗。

王希坚同志给了我一间清静的房。他知道我的脾气，说："吃饭，愿意在食堂吃也可，愿意出去吃小馆，也方便。"

因为距离很近，当天我就观看了珍珠泉、趵突泉、黑虎泉。

那时水系没遭到破坏，趵突泉的水，还能涌起三尺来高。

第二天，文联的同志，陪我去游了大明湖和千佛山，乘坐了彩船，观赏了文物。那时游人很少，在千佛山，我们几乎没遇到什么游人，像游荒山野寺一样。我最喜欢这样的游览，如果像赶庙会一样，摩肩接踵，就没有意思了。

我也到附近小馆去吃过饭，但没有吃到老师说的那种小豆腐。

另外，没有找到古旧书店，也是一大遗憾。我知道，济南的古书不少，而且比北京、天津，便宜得多。

南　京

第二站是南京。到南京已经是下午五六点钟了。我先赶到江苏省文联。那时的文联，多与文化局合署办公，文联与文化局电话联系，说来了一位客人，想找个住处。文化局好像推托了一阵子，最后说是可以去住什么酒家。

对于这种遭遇，我并不以为怪。我在南京没有熟人，还算是顺利地解决了食住问题。应该感谢那时同志们之间的正常的热情的关照。如果是目前，即使有熟人，恐怕也还要费劲一些。

此次旅行，我也先有一些精神准备。书上说：在家不知好宾客，出门方觉少知音，正好是对我下的评语。

在酒家住了一夜。第二天吃过早饭，我先去逛了明孝陵，陵很高很陡，在上面看到了朱元璋的一幅画像，躯体很高大，前额特别突出，像扣上一个小瓢似的。脸上有一连串黑痣。这种异相，史书上好像也描写过。

从孝陵下来，我去游览了中山陵，顺便又游了附近一处名胜灵谷寺。一路梧桐林荫路，枝叶交接如连理，真使人叫绝。

下午游了雨花台、玄武湖、鸡鸣寺、夫子庙。没有游莫愁湖，没有看到秦淮河。这样奔袭突击式的游山玩水，已经使我非常疲乏。为了休息一下，就去逛了逛南京古旧书店。书店内外，都很安静，好书也多，排列得很规则。惜天色已晚，未及细看，就回旅舍了。此后，我通过函购，从这里买了不少旧书，其中并有珍本。

第三天清晨，我离开南京去上海。

现在想来，像我这样的旅行，可以说是消耗战，还谈得上是怡情养病？到了一处，也只是走马观花，连凭吊一下的心情也没有。别处犹可，像南京这个地方，且不说这是龙盘虎踞的形胜之地，就是六朝烟粉，王谢风流，潮打空城，天国悲剧，种种动人的历史传说，就没有引起我的丝毫感慨吗？

确实没有。我太累了。我觉得，有些事，读读历史就可以了，不必想得太多。例如关于朱元璋，现在有些人正在探讨他的杀戮功臣，是为公还是为私？各有道理，都有论据。但可信只有一面，又不能起朱元璋而问之，只有相信正史。至于文人墨客，酒足饭饱，对历史事件的各种感慨，那是另一码事。我此次出游，其表现有些像凡夫俗子的所到一处，刻名留念。中心思想，也不过是为了安慰一下自己：我一生一世，毕竟到过这些有名的地方了。

上　海

很快就到了上海，作家协会介绍我住在国际饭店十楼。这是最繁华的地区，对我实在不利。即使平安无事，也能加重神经衰弱。尤其是一上一下的电梯，灵活得像孩子们手中的玩具，我还没有定下心来，十楼已经到了。

第二天上午，一个人去逛书店，雇了一辆三轮，其实一转弯就到了。还好，正赶上古籍书店开张，琳琅满目，随即买了几种旧书，其中有仰慕已久的戚蓼生序小字本《红楼梦》。

想很快离开上海，第二天就到了杭州。

杭　州

中午到了杭州，浙江省文联，也没有熟人。在那里吃了一碗面条，自己就到湖边去了。天气很好，又是春季，湖边的游人还算是多的。面对湖光山色，第一个感觉是：这就是西湖。因为旅途劳顿，接连几夜睡不好觉，我忽然觉得精神不能支持，脚下也没有准头，随便转了转，买了些甜食吃，就回来了。

第二天，文联通知我，到灵隐寺去住。在那里，他们新买到一处资本家的别墅，作为创作之家，还没有人去住过，我来了正好去试试。用三轮车带上一些用具，把我送了过去。

这是一幢不小的楼房，只楼下就有不少房间。楼房四周空旷无人，而飞来峰离它不过一箭之地。寺里僧人很少，住的地方离这里也很远。天黑了，我一度量形势，忽然恐怖起来。这样大的一个灵隐寺，周围是百里湖山，寺内是密林荒野，不用说别的，就是进来一条狼，我也受不了。我得先把门窗关好，而门窗又是那么多。关好了门窗，我躺在临时搭好的简易木板床上，头顶有一盏光亮微弱的灯，翻看新买的一本杭州旅行指南。

我想，什么事说是说，做是做。有时说起来很有兴味的事，实际一做，就会适得其反。比如说，我最怕嘈杂，喜欢安静，现在置身山林，且系名刹，全无干扰，万籁无声，就觉得舒服了吗？没有，没有。青年时，我也想过出世，当和尚。现在想，即使有人封我为这里的住持，我也坚决不干。我现在需要的是一个伴侣。

一夜也没有睡好，第二天清晨起来，在溪流中洗了洗脸，提上从文联带来的热水瓶，到门口饭店去吃饭。吃完饭，又到茶馆打一瓶开水提回来。

据说，西湖是全国风景之首，而灵隐又是西湖名胜之冠。真是名不虚传。自然风景，且不去说，单是寺内的庙宇建筑，宏美丰丽，我在北方，是没有见过的。殿内的楹联牌匾，佳作尤多。

在这里住了三天，西湖的有名处所，也都去过了，在小市自己买了一只象牙烟嘴，在岳坟给孩子们买了两对竹节制的小水桶。我就离开了杭州，又取道上海，回到天津。

此行，往返不到半月，对我的身体非常不利，不久就大病了。

跋

　　余之晚年，蛰居都市，厌见扰攘，畏闻恶声，足不出户，自喻为画地为牢。然当青壮之年，亦曾于燕南塞北，太行两侧，有所涉足。亦时见山河壮观，阡陌佳丽。然身在队列，或遇战斗，或值风雨，或感饥寒，无心观赏，无暇记述。但印象甚深至老不忘。

　　古人云，欲学子长之文，先学子长之游，此理固有在焉。然柳柳州《永州八记》，所记并非罕遇之奇景异观也，所作文字乃为罕见独特之作品耳。范仲淹作《岳阳楼记》，本人实未至洞庭湖，想当然之，以抒发抱负。苏东坡《前赤壁赋》，所见并非周郎破曹之地，后人不以为失实。所述思绪，实通于古今上下也。

　　以此观之，游记之作，固不在其游，而在其思。有所思，文章能为山河增色，无所思，山河不能救助文字。作者之修养抱负，于山河于文字，皆为第一义，既重且要。余之作，不堪言此矣。

一九八三年八月十七日追记

黄　鹂

——病期琐事

　　这种鸟儿，在我的家乡好像很少见。童年时，我很迷恋过一阵捕捉鸟儿的勾当。但是，无论春末夏初在麦苗地或油菜地里追逐红靛儿，或是天高气爽的秋季，奔跑在柳树下面网罗虎不拉儿的时候，都好像没有见过这种鸟儿。它既不在我那小小的村庄后边高大的白杨树上同鷃鸡儿一同鸣叫，也不在村南边那片神秘的大苇塘里和苇咋儿一块筑窠。

　　初次见到它，是在阜平县的山村。那是抗日战争期间，在不断的炮火洗礼中，有时清晨起来，在茅屋后面或是山脚下的丛林里，我听到了黄鹂的尖厉的富有召唤性和启发性的啼叫。可是，它们飞起来，迅若流星，在密密的树枝树叶里忽隐忽现，常常是在我仰视的眼前一闪而过，金黄的羽毛上映照着阳光，美丽极了，想多看一眼都很困难。

　　因为职业的关系，对于美的事物的追求，真是有些奇怪，有时简直近于一种狂热。在战争不暇的日子里，这种观察飞禽走兽的闲情逸致，不知对我的身心情感，起着什么性质的影响。

前几年，终于病了。为了疗养，来到了多年向往的青岛。春天，我移居到离海边很近，只隔着一片杨树林洼地的一幢小楼房里。有很长的一段时间，我一个人住在这里，清晨黄昏，我常常到那杨树林里散步。有一天，我发现有两只黄鹂飞来了。

这一次，它们好像喜爱这里的林木深密幽静，也好像是要在这里产卵孵雏，并不匆匆离开，大有在这里安家落户的意思。

每天，天一发亮，我听到它们的叫声，就轻轻打开窗帘，从楼上可以看见它们互相追逐，互相逗闹，有时候看得淋漓尽致，对我来说，这真是饱享眼福了。

观赏黄鹂，竟成了我的一种日课。一听到它们叫唤，心里就很高兴，视线也就转到杨树上，我很担心它们一旦要离此他去。这里是很安静的，甚至有些近于荒凉，它们也许会安心居住下去的。我在树林里徘徊着，仰望着，有时坐在小石凳上谛听着，但总找不到它们的窠巢所在，它们是怎样安排自己的住室和产房的呢？

一天清晨，我又到树林里散步，和我患同一种病症的史同志手里拿着一支猎枪，正在瞄准树上。

"打什么鸟儿？"我赶紧过去问。

"打黄鹂！"老史兴致勃勃地说，"你看看我的枪法。"

这时候，我不想欣赏他的枪技，我但愿他的枪法不准。他瞄了一会儿，黄鹂发觉飞走了。乘此机会，我以老病友的资格，请他不要射击黄鹂，因为我很喜欢这种鸟儿。

我很感激老史同志对友谊的尊重。他立刻答应了我的要求，没有丝毫不平之气。并且说：

"养病么，喜欢什么就多看看，多听听。"

这是真诚的同病相怜。他玩猎枪，也是为了养病，能在兴头儿上照顾旁人，这种品质不是很难得吗？

有一次，在东海岸的长堤上，一位穿皮大衣戴皮帽的中年人，只是为了讨取身边女朋友的一笑，就开枪射死了一只回翔在天空的海鸥。一群海鸥受惊远飏，被射死的海鸥落在海面上，被怒涛拍击漂卷。胜利品无法取到，那位女人请在海面上操作的海带培养工人帮助打捞，工人们愤怒地掉头划船而去。这给我留下了深刻的印象。回到房子里，无可奈何地写了几句诗，也终于没有完成，因为契诃夫在好几种作品里写到了这种人。我的笔墨又怎能更多地为他们的业绩生色？在他们的房间里，只挂着契诃夫为他们写的褒词就够了。

惋惜的是，我的朋友的高尚情谊，不能得到这两只惊弓之鸟的理解，它们竟一去不返。从此，清晨起来，白杨萧萧，再也听不到那种清脆的叫声。夏天来了，我忙着到浴场去游泳，渐渐把它们忘掉了。

有一天我去逛鸟市。那地方卖鸟儿的很少了，现在生产第一，游闲事物，相应减少，是很自然的。在一处转角地方，有一个卖鸟笼的老头儿，坐在一条板凳上，手里玩弄着一只黄鹂。黄鹂系在一根木棍上，一会儿悬空吊着，一会儿被拉上来。我站住了，我望着黄鹂，忽然觉得它的焦黄的羽毛，它的嘴眼和爪子，都带有一种凄惨的神气。

"你要吗？多好玩儿！"老头儿望望我问了。

"我不要。"我转身走开了。

我想，这种鸟儿是不能饲养的，它不久会被折磨得死去。这种鸟儿，即使在动物园里，也不能从容地生活下去吧，它需要的天地太宽阔了。

从此，有很长一段时间，我不再想起黄鹂。第二年春季，我到了太湖，在江南，我才理解了"杂花生树，群莺乱飞"这两句文章的好处。

是的，这里的湖光山色，密柳长堤；这里的茂林修竹，桑田苇泊；这里的乍雨乍晴的天气，使我看到了黄鹂的全部美丽，这是一种极致。

是的，它们的啼叫，是要伴着春雨、宿露，它们的飞翔，是要伴着朝霞和彩虹的。这里才是它们真正的家乡，安居乐业的所在。

各种事物都有它的极致。虎啸深山，鱼游潭底，驼走大漠，雁排长空，这就是它们的极致。

在一定的环境里，才能发挥这种极致。这就是形色神态和环境的自然结合和相互发挥，这就是景物一体。典型环境中的典型性格，也可以从这个角度来理解吧。这正是在艺术上不容易遇到的一种境界。

一九六二年四月

石　子

　　——病期琐事

　　我幼小的时候，就喜欢石子。有时从耕过的田野里捡到一块椭圆形的小石子，以为是乌鸦从山里衔回跌落到地下的，因此美其名为"老鸹枕头儿"。

　　那一年在南京，到雨花台买了几块小石子，是赭红色的。

　　那一年到大连，又在海滨装了一袋白色的回来。

　　这两次都匆匆忙忙，对于选择石子，可以说是不得要领。

　　在青岛住了一年有余，因为不喜欢下棋打扑克，不会弹琴跳舞，不能读书作文，惟一的消遣和爱好就是捡石子。时间长了，收藏丰富，有一段时间，居然被病友们目为专家。就连我低头走路，竟也被认为是长期从事搜罗工作养成的习惯，这简直是近于开玩笑了。

　　然而，人在寂寞无聊之时，爱上或是迷上了什么，那种劲头，也是难以常情理喻的。不但天气晴朗的时候，好在海边溅泥踏水地徘徊寻找。有时刮风下雨，不到海边转转，也好像会有什么损失，就像逛惯了古书店古董铺的人，一天不去，总觉得会交臂失掉了什么宝物一样。钓鱼者的心情，也是如此的。

初到青岛，也只是捡些小巧圆滑杂色的小石子。这些小石子养在水里，五颜六色还有些看头，如果一干，则质地粗糙，颜色也消失，算不得什么希罕之物了。

后来在第二浴场发现一种质地细腻，色泽如同美玉的小石子，就加意寻找。这种石子，好像有一定的矿层。在春夏季，海滩积沙厚，没有这种石子。只有在秋冬之季，海水下落，沙积减少，轻涛击岸，才会露出这种蕴藏来，但也很少遇到。当潮水落到一定的地方，沿着水边来回走，看到一点点亮晶晶的苗头，跑过去捡起来，大小不等，有时还残留着一些杂质，像玉之有瑕一样。这种石子一定是包藏在一种岩石之中，经过多年的潮激汐荡，乱石撞击，细沙研磨，才形成现在这种可爱的样式。

有时，如果不注意，如果不把眼光放远一点，它略一显露，潮水再一荡，就又会被细沙所掩盖。当潮水猛涨的时候，站在岸边，抢捡石子，这不只拼着衣服溅上很多海水，甚至还有被海水卷入的危险。

有时，不避风雨，不避寒暑，到距离很远的海滩，去寻找这种石子。但也要潮水和季节适当，才有收获。

我的声誉只是鹊起一时，不久就被一位新来的病友的成绩所掩盖。这位同志，采集石子，是不声不响，不约同伴，近于埋头创作地进行，而且走得远，探得深。很快，他的收藏，就以质地形色兼好著称。石子欣赏家都到他那里去了，我的门庭，顿时冷落下来。在评判时，还要我屈居第二，这当然是无可推辞的。我的兴趣还是很高,每天从海滩回来,口袋里总是沉甸甸的,房间里到处是分门别类的石子。

那时我居住在正阳关路一幢绿色的楼房里。为了安静,我选择了三楼那间孤零零的,虽然矮小一些,但光线很好的房子。在正面窗台上,我摆了一个鱼缸,放满了水,养着我最得意的石子。

在二楼住着一位二十年前我教书时的女学生。她很关心我的养病生活,看见我的房子里堆着很多石子,就劝我养海葵花。她很喜欢这种东西,在她的房间里,饲养着两缸。

一天下午,她借了铁钩水桶,带我到海边退潮后的岩石上,去掏取这种动物。她的手还被附着在石面上的小蛤蜊擦破了。回来,她替我倒出了石子,换上海水,养上海葵花。

"你喜爱这种东西吗?"她坐下来得意地问。

"唔。"

"你的生活太单调了,这对养病是很不好的。我对你讲课印象很深,我总是坐在第一排。你不记得了吧?那时我十七岁。"

晚上,我一个人坐在灯光下,面对着我的学生为我新陈设的景物。我实在不喜欢这种东西,从捉到养,整个过程,都不能使我发生兴味。它的生活史和生活方式,在我的头脑里,体现了过去和现在的强盗和女妖的全部伎俩和全部形象。我写了一首《海葵赋》。

青岛,这是世界上少有的风光绮丽的地方。在过去很长一段时间,祖国美丽富饶的地区,有很多都曾经处在帝国主义的铁蹄践踏之下。每逢我站在太平角高大的岩石上,四下眺望,脚下澎湃飞溅的海潮，就会自然地使我联想起这里的悲惨的历史。我的心里总有一种沉痛之感，一种激愤之情。

终于，我把海葵花送给了女弟子，在缸里又养上了石子。这样做的结果，是大大辜负女学生的一番盛情，一番好意了。

离开青岛的时候，我把一些自认为名贵的石子带回家里，尘封日久，不但失去了原有的光彩，就是拿在手里，也不像过去那样滑腻，这是因为上面泛出一种盐质，用水都不容易洗去了。时过境迁，色衰爱弛，我对它们也失去了兴趣，任凭孩子们抛来掷去，想不到当时全心全力寤寐以求的东西，现在却落到了这般光景。

但它们究竟是和我度过了那一段难言的日子，给过我不少的安慰，帮助我把病养得好了一些。古人把药石针砭并称，这说明石子确是养病期中难得的纯朴有益的伴侣。

一九六二年四月

红十字医院

—— 病期经历之一

一九五六年秋天,我的病显得很重,就像一个突然撒了气的皮球一样,人一点精神也没有了,天地的颜色,在我的眼里也变暗了,感到自己就要死亡,悲观得很。其实这是长期失眠,神经衰弱到了极点的表现。家里人和同事们,都为我的身体担心,也都觉得我活不长了。康濯同志来天津看我,就很伤感地说:"我给你编个集子,还要写一篇长一些的后记。唉,恐怕你是看不到了。"

在天津的医院,胡乱看了几个月,中药西药吃得也不少,并不见效。那时王亢之同志管文教,介绍的都是天津的名医。

为了静养,又从家里搬到睦南道招待所,住了几个月,也不见效。

到了第二年春天,我被送进了北京红十字医院。这是一家新建的医院,设备很好,还有宽敞的庭院。经郭春原同志介绍,在该院任总务处长的董廷璧同志给我办了住院手续。董同志是蠡县人,为人慷慨热情,他的很多同乡,包括郭春原同志,都是我的朋友，所以对我照顾得很周到。

我住在楼上靠边的一间单人病房里，有洗澡间。室内的陈设很讲究，光线很充足，周围很安静。吃饭时，有护士端来，饭菜很好。护士坐在一边，看着我吃，一边不断地称赞铜蒸锅里的菜，做得如何好，叫我多吃些。

可惜我那时什么也吃不下。护士长还指着那些护士对我说："喜欢谁，就叫谁陪你玩玩。"可惜我什么也不想玩。

每天晚上，叫我做松节油浴，白天有时还带我到大理疗室做水疗。

医院的护士，都是新从苏杭一带招来的南方姑娘。都穿着丝绸白衣，戴着有披肩的护士帽，走起路来，轻盈敏捷，真像天使一般。每天晚上我睡下后，床头柜上有一盏蓝色灯光的小灯，灯光照在白色的墙壁上和下垂的窗帘上，像是一种梦境。然而，我只能在吃过烈性的安眠药以后才得入睡。护士照顾我服药以后，还站在床边，给我做按摩，听着我呼吸匀称了，才轻轻地离去。其实，我常常并没有入睡。

医院为我想尽了办法，又叫我去做体疗。每个病人拿一根金箍棒似的棍子，在手里摆动着，大家环成一个圈，走一阵就完事。我觉得有些好笑，如果我早些时候知道耍棍儿，我可能就不会得这种病了。现在耍得晚了些。

应该补叙，在这一时期，北京所有的朋友，也都为我帮忙。中央宣传部的秘书长李之琏同志，北京市委的张青季同志，是我中学时的同学，抗日时期的战友，也都是蠡县人。他们为我请来北京市的名医会诊。丁玲同志那时处境已经不大好，叫葛文同志带信来看我，说是不是请湖南医学院的一位李大夫来给我看病。后来，这位大夫终于到了我的病房。他主要是给我讲解，例如神经系统怎样容易得病呀，应该如何医治呀，第一信号、第二信号呀。他讲话声音很高，有时脸涨得通红。他是哲学家、经济学家李达教授的儿子。

他给我讲了两三次，然后叫我吃一种药。据说是一种兴奋药，外国学生考试时常吃的。我吃过以后，觉得精神好了一些。后来医院认为这种病不宜长期住在医院，我就到小汤山疗养院去了。

我从来没住过医院，没有住过这样好的房间，没有吃过这样好的饭食。这次住进了这样高级的医院，还有这么多的人关心和服侍。在我病好以后，我常常想，这也是我跟着革命队伍跑了几年的结果，同志们给了我优惠的待遇；那时人和人的关系，也深深刻印在我的记忆中了。

一九八四年五月七日

病期经历

小汤山

我从北京红十字医院出来，就到北京附近的小汤山疗养院去。报社派了一位原来在传达室工作的老同志来照顾我。

他去租了一辆车，在后座放上了他那一捆比牛腰还要粗得多的行李，余下的地方让我坐。老同志是个光棍汉，我想他把全部家当都随身带来了。出了城，车在两旁都是高粱地的狭窄不平的公路上行驶。现在是七月份，天气干燥闷热，路上也很少行人车辆。不久却遇上一辆迎面而来的拉着一具棺材的马车，有一群苍蝇追逐着前进，使我一路心情不佳，我的神经衰弱还没有完全好。

小汤山属昌平县，是京畿的名胜之一，有一处温泉，泉水形成了一个不小的湖泊，周围还有小河石桥等等景致。在湖的西边有一块像一座小平房的黑色巨石，人们可以上到顶上眺望。

湖旁有一些残碣断石，可以认出这里原是晚清民初什么阔人的别墅。解放以后，盖成一座规模很不小的疗养院。

我能来这里疗养，也是那位小时的同学李之琏同志给办的，他认识一位卫生部的负责人，正在这里休养和管事。疗养院是一排两层的楼房，头起有两处高级房间，带有会客室和温泉浴室。我竟然住进了楼上的一间。这也是我一生中难得的幸遇，所以特别在这里记一笔。

在小汤山，我学会了钓鱼和划船。每天从早到晚，呼吸从西北高山上吹来的，掠过湖面，就变成一种潮湿的、带有硫磺气味的新鲜空气。钓鱼的技术虽然不高，也偶然能从水面上钓起一条大鲢鱼，或从水底钓起一条大鲫鱼。

划船的技术也不高，姿态更不好，但在这个湖里划船，不会有什么风浪的危险，可以随心所欲，而且有穿过桥洞、绕过山脚的种种乐趣。温泉湖里的草，长得特别翠绿柔嫩，它们在水边水底摇曳，多情和妩媚，诱惑人的力量，在我现在的心目中，甚于西施贵妃。

我的病渐渐好起来了。证明之一，是我开始又有了对人的怀念、追思和恋慕之情。我托城里的葛文同志，给在医院细心照顾过我的一位护士，送一份礼物，她就要结婚了。证明之二，是我又想看书了。我在疗养院附近的小书店，买了新出版的拍案惊奇和唐才子传，又郑重地保存起来，甚至因为不愿意那位老同志拿去乱翻，惹得他不高兴。

这位老同志原来是赶大车的，我们傍晚坐在小山上，他给我讲过不少车夫进店的故事。我们还到疗养院附近的野地里去玩，那里有不少称之为公主坟的地方。

从公主坟地里游玩回来，我有时看看聊斋志异。这件事叫疗养院的医生知道了，对那位老同志说：

"你告他不要看那种书，也不要带他到荒坟野寺里去转游！"

其实，神经衰弱是人间世界的疾病，不是狐鬼世界的疾病。

我的房间里，有引来的温泉水。有时朋友们来看我，我都请他们洗个澡。慷国家之慨，算是对他们的热情招待。女同志当然是不很方便的。但也有一位女同志，主动提出要洗个澡，使我这习惯男女授受不亲的人，大为惊异。

已经是十一月份了，天气渐渐冷了，湖里的水草，也不再像过去那样翠绿。清晨黄昏，一层蒸汽样的浓雾，罩在湖面上，我们也很少上到小山顶上去闲谈了。在医院时，我不看报，也不听广播，这里的广播喇叭，声音很大，走到湖边就可以听到，正在大张旗鼓地批判右派。有一天，我听到了丁玲同志的名字。

过了阳历年，我决定从小汤山转到青岛去。在北京住了一晚，李之琏同志来看望了我。他虽然还是坐了一辆小车来，也没有和我谈论什么时事，但我看出他的心情很沉重。不久，就听说他也牵连在所谓右派的案件中了。

一九八四年九月二十八日晨四时记

青　岛

关于青岛，关于它的美丽，它的历史，它的现状，已经有很多文章写过了。关于海、海滨、贝壳，那写过的就更多，可以说是每天都可以从报刊见到。

我生在河北省中部的平原上，是一个常年干旱的地方，见到是河水、井水、雨后积水，很少见到大面积的水，除非是滹沱河洪水暴发，但那是灾难，不是风景。后来到白洋淀地区教书，对这样浩渺的水泊，已经叹为观止。我从来也没有想过到青岛这类名胜之地，去避暑观海。认为这种地方，不是我这样的人可以去得的，去了也无法生存。

从小汤山，到青岛，是报社派小何送我去的。时间好像是一九五八年一月。

青岛的疗养院，地处名胜，真是名不虚传。在这里，我遇到了各界的一些知名人士，有哲学教授，历史学家，早期的政治活动家，文化局长，市委书记，都是老干部，当然有男有女。

这些人来住疗养院，多数并没有什么大病，有的却多少带有一点政治上的不如意。反右斗争已经进入高潮，有些新来的人，还带着这方面的苦恼。

一个市的文化局长，我们原来见过一面，我到那个市去游览时，他为我介绍过宿地。是个精明能干的人，现在得了病，竟不认识我了。他精神沉郁，烦躁不安。他结婚不久的爱人，是个漂亮的东北姑娘，每天穿着耀眼的红毛衣，陪着他，并肩坐在临海向阳的大岩石上。从背后望去，这位身穿高干服装的人，该是多么幸福，多么愉快。但他终日一句话也不说，谁去看他，他就瞪着眼睛问：

"你说，我是右派吗？"

别人不好回答，只好应酬两句离去。只有医生，是离不开的，是回避不了的。这是一位质朴而诚实的大夫，有一天，他抱着甘冒天下之大不韪的决心，对病人说：

"你不是右派，你是左派。"

病人当时脸上露出了一丝笑容，但这一保证，并没有能把他的病治好。右派问题越来越提得严重，他的病情也越来越严重。不久，在海边上就再也见不到他和他那穿红毛衣的夫人了。

我邻居的哲学教授，带来一台大型留声机，每天在病房里放贝多芬的唱片。他热情地把全楼的病友约来，一同欣赏。但谁也不能去摸他那台留声机。留声机的盖子上，贴有他撰写的一张注意事项，每句话的后面，都用了一个大惊叹号，他写文章，也是以多用惊叹号著称的。

我对西洋音乐，一窍不通，每天应约听贝多芬，简直是一种苦恼。不久，教授回北京去，才免除了这个负担。

在疗养院，遇到我的一个女学生。她已进入中年，穿一件黑大衣，围一条黑色大围巾，像外国的贵妇人一样。她好到公园去看猴子，有一次拉我去，带了水果食物，站在草丛里，一看就是一上午。她对我说，她十七岁出来抗日，她的父亲，在土地改革时死亡。她没有思想准备，她想不通，她得了病。但这些话，只能向老师说，不能向别人说。

到了夏季，是疗养地的热闹时期，家属们来探望病人的也多了。我的老伴也带着小儿女来看我，见我确是比以前好多了，她很高兴。

每天上午，我跟着人们下海游泳，也学会了几招，但不敢到深处去。有一天，一位少年倜傥的"九级工程师"，和我一起游。他慢慢把我引到深水，我却差一点没喝了水，赶紧退了回来。这位工程师，在病人中间，资历最浅最年轻，每逢舞会，总是先下场，个人独舞，招徕女伴大众围观，洋洋自得。

这是病区，这是不健康的地方。有各种各样的人，各种各样的病。在这里，会养的人，可以把病养好，不会养的人，也可能把病养坏。这只是大天地里的一处小天地，却反映着大天地脉搏的一些波动。

疗养院的干部、医生、护理人员，都是山东人，很朴实，对病人热情，照顾得也很周到。我初来时，病情比较明显，老伴来了，都是住招待所。后来看我好多了，疗养院的人员都很高兴。冬天，我的老伴来看我，他们就搬来一张床，让我们夫妻同处，还叫老伴跟我一同吃饭。于是我的老伴，大开洋荤，并学会了一些烹饪技艺。她对我说：我算知道高汤是怎么个做法了，就是清汤上面再放几片菜叶。

护士和护理员，也都是从农村来的，农村姑娘一到大城市，特别是进了疗养院这种地方，接触到的，吃到的，看到的，都是新鲜东西。

疗养人员，没有重病，都是能出出进进，走走跳跳，说说笑笑的。疗养生活，说起来虽然好听，实际上很单调，也很无聊。他们每天除去打针散步，就是和这些女孩子打交道。日子久了，也就有了感情。在这种情况下，两方面的感情都是容易付出的，也容易接受的。

我在这个地方，住了一年多。因为住的时间长了，在住房和其他生活方面，疗养院都给我一些方便。春夏两季，我差不多是自己住着一所小别墅。

小院里花草齐全，因为人烟稀少，有一只受伤的小鸟，落到院里。它每天在草丛里用一只腿跳着走，找食物，直到恢复了健康，才飞走了。

其实草丛里也不是太平的。秋天，一个病号搬来和我同住，他在小院散步时，发现一条花蛇正在吞食一只癞蛤蟆。他站在那里观赏两个小时，那条蛇才完全吞下了它的猎物。他对我说：有趣极了！并招呼我去看看，我没有去。

我正在怀疑，我那只小鸟，究竟是把伤养好，安全飞走了呢；还是遇到了蛇一类的东西，把它吞掉了？

我不会下棋、打扑克，也不像别人手巧，能把捡来的小贝壳，编织成什么工艺品，或是去照相。又不好和人闲谈，房间里也没有多少书。最初，就去海边捡些石头，后来石头也不愿捡了，只是在海边散步。晴天也去，雨天也去，甚至夜晚也去。夜晚，走在海岸上听海涛声，很雄壮也很恐怖。身与海浪咫尺之隔，稍一失足，就会掉下去。等到别人知道了，早已不知漂到何处。想到这里，夜晚也就很少出来了。

在这一年冬季，来了一位护理员，她有二十来岁，个子不高，梳两条小辫。长得也不俊，面孔却白皙，眼神和说话，都给人以妩媚，叫人喜欢。她正在烧锅炉，夜里又要去炼钢铁，还没有穿棉衣。慢慢熟识了，她送给我一副鞋垫。说是她母亲绣的，给她捎了几副来，叫她送给要好的"首长们"。鞋垫用蓝色线绣成一株牡丹花，很精致，我收下了。我觉得这是一份情意，农村姑娘的情意，像过去在家乡时一样的情意。我把这份情意看得很重。我见她还没穿棉袄，就给她一些钱，叫她去买些布和棉花做一件棉袄，她也收下了。

这位姑娘，平日看来腼腼腆腆，总是低着头，遇到一定场合，真是嘴也来得，手也来得。后来调到人民大会堂去做服务员，在北京我见到她。她出入大会堂，还参加国宴的招待工作，她给我表演过给贵宾斟酒的姿势。还到中南海参加过舞会，真是见过大世面了。女孩子的青春，无价之宝，遇到机会，真是可以飞上天的。

这是云烟往事，是病期故事。是萍水相逢。萍水相逢，就是当水停滞的时候，萍也需要水，水也离不开萍。水一流动，一切就成为过去了。

我很寂寞。我有时去逛青岛的中山公园。公园很大，很幽静，几乎看不到什么游人。因为本地人，到处可以看到自然景物，用不着花钱来逛公园；外地人到青岛，主要是看海，不会来逛各地都有的公园的。但是，青岛的公园，对我来说，实在可爱。主要是人少，就像走入幽林静谷一样，不像别处的公园，像赶集上庙一样。公园里有很大的花房，桂花、茶花、枇杷果，在青岛都能长得很好，在天津就很难养活。公园还有一个鹿苑，我常常坐在长椅上看小鹿。

我有机会去逛了一次崂山。那时还没有通崂山的公共汽车，去一趟很不容易。夏天，刘仙洲教授来休养，想逛崂山，疗养院派了一辆吉普车，把我也捎上。刘先生是我上过的保定育德中学的董事，当时他的大幅照片，悬挂在校长室的墙壁上，看起来非常庄严，学生们都肃然起敬。现在看来，并不显老，走路比我还快。

车在崂山顶上行驶时，真使人提心吊胆。从左边车窗可以看到，万丈峭壁，下临大海，空中弥漫着大雾，更使人不测其深危。我想，司机稍一失手，车就会翻下去。还有几处险道，车子慢慢移动，车上的人，就越发害怕。

好在司机是有经验的。平安无事。我们游了崂山。

我年轻时爬山爬得太多了，后来对爬山没有兴趣，崂山却不同。印象最深的，是那两棵大白果树，真是壮观。看了蒲松龄描写过的地方，牡丹是重新种过的，耐冬也是。这篇小说，原是我最爱读的，现在身临其境，他所写的环境，变化并不太大。

中午，我们在面对南海的那座有名的寺里，吃午饭。饭是疗养院带来的面包、茶鸡蛋、酱肝之类，喝的也是带来的开水。把食物放在大石头上，大家围着，一边吃，一边闲话。刘仙洲先生和我谈了关于育德中学老校长郝仲青先生的晚年。

一九五九年，过了春节，我离开青岛转到太湖去。报社派张翔同志来给我办转院手续。他给我买来一包点心，说是在路上吃。我想路上还愁没饭吃，要点心干什么，我把点心送给了那位护理

员。她正在感冒,自己住在一座空楼里。临别的那天晚上,她还陪我到海边去转了转,并上到冷冷清清的观海小亭上。她对我说:

"人家都是在夏天晚上来这里玩,我们却在冬天。"

亭子上风很大,我催她赶紧下来了。

我把带着不方便的东西,赠给疗养院的崔医生。其中有两支龙凤洞箫,一块石砚,据说是什么美人的画眉砚。

半夜,疗养院的同志们,把我送上开往济南的火车。

一九八四年九月三十日晨三时写讫

太 湖

从青岛到无锡,要在济南换车,张翔同志送我。在济南下车后,我们到大众日报的招待所去休息。在街头,我看见凡是饭铺门前,都排着很长的队,人们无声无息地站在那里,表情都是冷漠的,无可奈何的。我问张翔:

"那是买什么?"

"买菜团子。"张翔笑着,并抱怨说,"你既然看见了,我也就不再瞒你。我事先给你买了一盒点心,你却拿去送了人。"中午,张翔到报社,弄来一把挂面,给我煮了煮,他自己到街上,吃了点什么。

疗养院是世外桃源,有些事,因为我是病人,也没人对我细说,在青岛,我只是看到了一点点。比如说,打麻雀是听见看见了，落到大海里或是落到海滩上的，都是美丽嫩小的黄雀。这种鸟，在天津，要花一元钱才能买到一只，放在笼里养着，现在一片一片地摔死了。大炼钢铁，看到医生们把我住的楼顶上的大水箱，拆卸了下来，去交任务。可是，度荒年，疗养院也还能吃到猪杂碎。

半夜里，我们上了开往无锡的火车，我买的软卧。

当服务员把我带进车室的时候，对面一边的上下铺，已经有人睡下了，我在这一边的下铺，安排我的行李。

对面下铺，睡的是个外国男人，上面是个中国女人。

外国人有五十来岁，女人也有四十来岁了，脸上擦着粉，并戴着金耳环。

我向来动作很慢，很久，我才关灯睡下了。

对面的灯开了。女人要下来，她先把脚垂下，轻轻点着男人的肚子。我闭上了眼睛。

女人好像是去厕所，回来又是把男人作为阶梯，上去了。我很奇怪，这个男人的肚子，为什么有这么大的负荷力和弹性。

男人用英语说：

"他没有睡着！"

天亮了，那位女人和我谈了几句话，从话中我知道男的是记者，要到上海工作。她是机关派来作翻译的。

男人又在给倚在铺上的女人上眼药。不知为什么，我对这两位同车的人很厌恶，我发现列车上的服务员，对他们也很厌恶。

离无锡还很远，我就到车廊里坐着去了。后来张翔告诉我，那女人曾问他，我会不会英语，我虽然用了八年寒窗，学习英语，到现在差不多已经忘光了。

张翔把我安排在太湖疗养院，又去上海办了一些事，回来和我告别。我们坐在太湖边上。不知为什么，我忽然感到特别的空虚和难以忍受的孤独。

最初，我在附近的山头转，在松树林里捡些蘑菇，有时也到湖边钓鱼。太湖可以说是移到内地的大海。水面虽然大，鱼却不好钓。有时我就坐在湖边一块大平石上，把腿盘起来，闭着眼睛听太湖的波浪声。

我的心安静不下来，烦乱得很。我总是思念青岛，我在那里，住的时间太长了，熟人也多。在那里我虽然也感到过寂寞，但还没有像现在这样可怕。

我非常思念那位女孩子。虽然我知道，这并谈不上什么爱情。对我来说，人在青春，才能有爱情，中年以后，有的只是情欲。对那位女孩子来说，也不会是什么爱情。在我们分别的时候，她只是说：

"到了南方，给我买一件丝绸衬衫寄来吧。"

这当然也是一种情意，但可以从好的方面去解释，也可以从不大好的方面去解释。

蛛网淡如烟，蚊蚋赴之；灯光小如豆，飞蛾投之。这可以说是不知或不察。对于我来说，这样的年纪，陷入这样的情欲之网，应该及时觉悟和解脱。我把她送我的一张半身照片，还有她给我的一幅手帕，从口袋里掏出来，捡了一块石头，包裹在一起，站在岩石上，用力向太湖的深处抛去。以为这样一来，就可以把所有的烦恼，所有的苦闷，所有的思念纠缠和忏悔的痛苦，统统扔了出去。情意的线，却不是那么好一刀两断的。夜里决定了的事，白天可能又起变化。断了的蛛丝，遇到什么风，可能又吹在一起，衔接上了。

在太湖遇到一位同乡，他也是从青岛转来的，在铁路上做政治工作多年。我和他说了在火车上的见闻。他只是笑了笑，没有回答。他可能笑我又是书呆子，少见多怪。这位同乡，看过我写的小说，他有五个字的评语："不会写恋爱。"这和另一位同志的评语："不会写战争"正好成为一副对联。

在太湖，几乎没有什么可记的事。院方组织我们去游过蠡园、善卷洞。我自己去过三次梅园，无数次鼋头渚。有时花几毛钱雇一只小船，在湖里胡乱转。撑船的都是中年妇女。

一九八四年十月六日下午

蜀旅行踪

保定旧事

　　我的家乡，距离保定，有一百八十里路。我跟随父亲在安国县，这样就缩短了六十里路。去保定上学，总是雇单套骡车，三个或两个同学，合雇一辆。车是前一天定好，刚过半夜，车夫就来打门了。他们一般是很守信用，绝不会误了客人行程的。于是抱行李上车。在路上，如果你高兴，车夫可以给你讲故事；如果你困了，要睡觉，他便停止，也坐在车前沿，抱着鞭子睡起来。这种旅行，虽在深夜，也不会迷失路途。因为学生们开学，路上的车，连成了一条长龙。牲口也是熟路，前边停下，它也停下；前边走了，它也跟着走起来，这样一直走到唐河渡口，天也就大亮了。如果是春冬天，在渡口也不会耽搁多久。车从草桥上过去，桥头上站着一个人，一边和车夫们开着玩笑，一边敲诈着学生们的过路钱。

　　中午，在温仁或是南大冉打尖。一进街口，便有望不到头的各式各样的笊篱，挂在大街两旁的店门口。店伙们站在门口，喊叫着，招呼着，甚至拦截着，请车辆到他的店中去。但是，这不会酿成很大的混乱，也不会因为争夺生意，互相吵闹起来。因为店伙们和车夫们都心中有数，谁是哪家的主顾，这是一生一世，也不会轻易忘情和发生变异的。

一进要停车打尖的村口，车夫们便都神气起来。那种神气是没法形容的，只有用他们的行话，才能说明万一。这就是那句社会上公认的成语："车喝儿进店，给个知县也不干！"

确实如此，车夫把车喝住，把鞭子往车卒上一插，便什么也不管，径到柜房，洗脸，喝茶，吃饭去了。一切由店伙代劳。酒饭钱，牲口草料钱，自然是从乘客的饭钱中代付了。

牲口、人吃饱了，喝足了，连知县都不想干的车夫们，一个个喝得醉醺醺的，蜂拥着从柜房出来，催客人上路。其实，客人们早就等急了，天也不早了。这时，人欢马腾，一辆辆车赶得要飞起来，车夫坐在车上，笑嘻嘻地回头对客人说：

"先生，着什么急？这是去上学，又不是回家，有媳妇等着你！"

"你该着急呀，"一些年岁大的客人说，"保定府，你有相好的吧！"

"那误不了，上灯以前赶到就行！"车夫笑着说。

一进校门，便是黄卷青灯的生活。

这是一所私立中学，设在西关外一条南北街上。这是一条很荒凉的小街道，但庄严地坐落着一所大学和两所中等学校。此外就只有几家小饭铺，三两处糖摊。

整个保定的街道，都是坑坑洼洼，尘土飞扬的。那时谁也没想过，这个府城为什么这样荒凉，这样破旧，这样萧条。也没有谁想到去建设它，或是把它修整修整。谁也没有去注意这个城市的市政机关设在哪里，也看不到一个清扫街道的工人。

从学校进城去，还有一条斜着通到西门的坎坷的土马路，走过一座卖包子和罩火烧的小楼，便是护城河的石桥。秋冬风沙大，接近城门时，从门洞刮出的风又冷又烈，就得侧着身子或背着身子走。在转身的一刹那，常常会看到，在城门一边的墙上，挂着一个小木笼，这就是在那个年代，视为平常的、被灰尘蒙盖了的、血肉模糊的示众的首级。

经常有些杂牌军队，在西关火车站驻防。星期天，在石桥旁边那家澡塘里，可以看到好多军人洗澡。在马路上，三两成群的外出士兵，一般都不携带枪支，而是把宽厚的皮带握在手里。黄昏的时候，常常有全副武装的一小队人，匆匆忙忙在街上冲过，最前边的一个人，抱着灵牌一样的纸糊大令。城门上悬挂的物件，就全是他们的作品。

如果遇到什么特别重要的人物来了，比如当时的张学良，则临时戒严，街上行人，一律面向墙壁，背后排列着也是面向墙壁的持枪士兵。

这个城市，就靠几所学校维持着，成为中国北方除北平以外著名的文化古城。

如果不是星期天，城里那条最主要的街道——西大街上，是很少行人的。两旁店铺的门，有的虚掩着，有的干脆就关闭。

有名的市场"马号"里，游人也是寥寥无几。这个市场，高高低低，非常阴暗。各个小铺子里的店员们，呆呆地站在柜台旁边，有的就靠着柜台睡着了。

只有南门外大街上，几家小铁器铺里，传出叮叮当当的响声；另外，从西关水磨那里，传来哗哗的流水声。此外，这就是一座灰色的，没有声音的，城南那座曹锟花园，也没有几个游人的，窒息了的城市。

那时候，只是一家单纯的富农，还不能供给一个中学生；一家普通地主，不能供给一个大学生。必须都兼有商业资本或其他收入。这样，在很长时间里，文化和剥削，发生着不可分割的关联。

这所私立的中学，一个学生一年要交三十六元的学费（买书在外）。那时，农民出售三十斤一斗的小麦，也不过收入一元多钱。

这所中学，不只在保定，在整个华北也是有名的。它不惜重金，礼聘有名望的教员，它的毕业生，成为天津北洋大学录取新生的一个主要来源。同时，不惜工本，培养运动员。北平师范大学体育系，每期差不多由它包办了。它在篮球场上，一度成为舞台上的梅兰芳那样的明星，王玉增的母校。

它也是那些从它这里培养，去法国勤工俭学，归来后成为一代著名人物的人们的母校。

当我进校的时候，它还附设着一个铁工厂，又和化学教员合办了一个制革厂，都没有什么生意，学生也不到那里去劳动，勤工俭学，已经名存实亡了。

学校从操场的西南角，划出一片地方，临着街盖了一排教室，办了一所平民学校。

在我上高二的时候，我有一个要好的同班生，被学校任命为平民学校的校长。他见我经常在校刊上发表小说，就约我去教女高小二年级的国文。

被教育了这么些年，一旦要去教育别人，确是很新鲜的事。听到上课的铃声，抱着书本和教具，从教员预备室里出来，严肃认真地走进教室。教室很小，学生也不多，只有五六个人。她们肃静地站立起来，认真地行着礼。

平民学校的对门，就是保定第二师范。在那灰色的大围墙里面，它的学生们，正在进行实验苏维埃的红色革命。国家民族处在生死存亡危急的关头，"九一八"、"一二八"事变，在学生平静的读书生活里，像投下两颗炸弹，许多重大迫切的问题，涌到青年们的眼前，要求每个人做出解答。

我写了韩国志士谋求独立的剧本，给学生们讲了法国和波兰的爱国小说，后来又讲了十月革命的短篇作品。

班长王淑珍，坐在最前排中间位置上。每当我进来，她喊着口令，声音沉稳而略带沙哑。她身材矮小，面孔很白，眼睛在她那小而有些下尖的脸盘上，显得特别的黑和特别的大。油黑的短头发，分下来紧紧贴在两鬓上。嘴很小，下唇丰厚，说话的时候，总带着轻微的笑。

她非常聪明，各门功课都是出类拔萃的，大楷和绘画，我是望尘莫及的。她的作文，紧紧吻合着时代，以及我教课的思想和感情。有说不完的意思，她就写很长的信，寄到我的学校，和我讨论，要我解答。

我们的校长，曾经跟随过孙中山先生，后来，有人说他成了国家主义派，专门办教育了。他住在学校第二层院的正房里。学校原是由一座旧庙改建的，他所住的，就是庙宇的正殿。他是道貌岸然的，长年袍褂不离身。很少看见他和人谈笑，却常常看到他在那小小的庭院里散步，也只是限于他门前那一点点地方。一九二七年以后，每次周会，能在大饭堂听到他的清楚简短的讲话。

训育主任的办公室，设在学生出入必须经过的走廊里。他坐在办公桌上，就可以对出入学校大门的人，一览无余。他觉得这还不够，几乎无时不在那一丈多长的走廊中间，来回踱步。师道尊严，尤其是训育主任，左规右矩，走路都要给学生做出楷模。他高个子，西服革履，一脸杀气——据说曾当过连长，眼睛平直前望，一步迈出去，那种慢劲和造作劲，和仙鹤完全一样。

他的办公室的对面，是学生信架，每天下午课后，学生们到这里来，看有没有自己的信件。有一天，训育主任把我叫到他的办公室，用简短客气的话语，免去了我在平校的教职。显然是王淑珍的信出了毛病。

我的讲室，在面对操场的那座二层楼上。每次课间休息，我们都到走廊上，看操场上的学生们玩球。平校的小小院落，看得很清楚。随着下课铃响，我看见王淑珍站在她的课堂门前的台阶上，用忧郁的、大胆的、厚意深情的目光，投向我们的大楼之上。如果是下午，阳光直射在她的身上。她不顾同学们从她身边跑进跑出，直到上课的铃声响完，她才最后一个转身进入教室。

我从农村来，当时不太了解王淑珍的家庭生活。后来我才知道，这叫做城市贫民。她的祖先，不知在一种什么境遇下，在这个城市住了下来，目前生活是很穷困的了。她的母亲，只能把她押在那变化无常的，难以捉摸的，生活或者叫作命运的棋盘上。

城市贫民和农村的贫农不一样。城市贫民，如果他的祖先阔气过，那就要照顾生活的体面。特别是一个女孩子，她在家里可以吃不饱，但出门之时，就要有一件像样的衣服穿在身上。如果在冬天，就还要有一条宽大漂亮的毛线围巾，披在肩头。

当她因为眼病，住了西关思罗医院的时候，我又知道她家是教民，这当然也是为了得到生活上的救济。我到医院去看望了她，她用纱布包裹着双眼，像捉迷藏一样。她母亲看见我，就到外边买东西去了。在那间小房子里，王淑珍对我说了情意深长的话。医院的人来叫她去换药，我也告辞，她走到医院大楼的门口，回过身来，背靠着墙，向我的方位站了一会儿。

这座医院，是一座外国人办的医院，它有一带大围墙，围墙以内就成了殖民地。我顺着围墙往外走，经过一片杨树林。有一个小教民，背着柴筐从对面走来，向我举起拳头示威。是怕我和他争夺秋天的败枝落叶呢？还是意识到主子是外国人，自己也高人一等？

　　王淑珍和我年岁相差不多，她竟把我当作师长，在茫茫的人生原野上，希望我能指引给她一条正确的路。我很惭愧，我不是先知先觉，我很平庸，不能引导别人，自己也正在苦恼地从书本和实践中探索。训育主任，想叫学生循着他所规定的，像操场上田径比赛时，用白粉划定的跑道前进，这也是不可能的。时代和生活的波涛，不断起伏。在抗日大浪潮的推动下，我离开了保定，到了距离她很远的地方。

　　我不知道，生活把王淑珍推到了什么地方，我想她现在一定生活得很幸福。

　　那种苦雨愁城，枯柳败路的印象，很自然地一扫而光。

一九七七年三月

同口旧事

——《琴和箫》代序

一

我是一九三六年暑假后,到同口小学教书的。去以前,我在老家失业闲住。有一天,县邮政局,送来一封挂号信,是中学同学黄振宗和侯士珍写的。信中说:已经给我找到一个教书的位子,开学在即,希望刻日赴保定。并说上次来信,寄我父亲店铺,因地址不确被退回,现从同学录查到我的籍贯。我于见信之次日,先到安国,告知父亲,又次日雇骡车赴保定,住在南关一小店内。当晚见到黄侯二同学。黄即拉我到娱乐场所一游,要我请客。

在保定住了两日,即同侯和他的妻子,还有新聘请的两位女教员,雇了一辆大车到同口。侯的职务是这个小学的教务主任,他的妻子和那两位女性,在同村女子小学教书。

二

　　黄振宗是我初中时同班，保定旧家子弟，长得白皙漂亮，人亦聪明。在学校时，常演话剧饰女角，文章写得也不错，有时在校刊发表。并能演说，有一次，张继到我校讲演，讲毕，黄即上台，大加驳斥，声色俱厉。他那时，好像已经参加共产党。有一天晚上，他约我到操场散步，谈了很久，意思是要我也参加。我那时觉悟不高，一心要读书，又记着父亲嘱咐的话：不要参加任何党派。所以没有答应，他也没有表示什么不满。又对我说，读书要读名著，不要只读杂志报刊，书本上的知识是完整的、系统的，而报章杂志上的文章，是零碎的、纷杂的。他的这一劝告，我一直记在心中，受到益处。当时我正埋头在报纸文学副刊和社会科学的杂志里。有一种叫《读书杂志》，每期都很厚，占去不少时间。

　　他毕业后，考入北平中国大学，住在西安门外一家公寓里面，我在东城象鼻子中坑小学当事务员，时常见面。他那时好喝酒，讲名士风流，有时喝醉了，居然躺在大街上，我们只好把他拉起来。大学没有毕业，他回到保定培德中学教国文，风流如故，除经常去妓院，还交接着天华商场说大鼓书的一位女艺人。

　　一九三九年，我在晋察冀通讯社工作。冬季，李公朴到边区参观，黄是他的秘书，骑着瞎了一只眼的日本大洋马，走在李公朴的前面。在通讯社我和他见了面。那时不知李公朴来意，机关颇有戒心，他也没有和我多谈。我见他口袋里插的钢笔不错，很想要了他的，以为他回到大后方，钢笔有的是。他却不肯给。下午，我到他的驻地看望他，他却自动把钢笔给了我。以后就没有见过面。

解放以后，我只是在一个京剧的演出广告上，见到他的笔名，好像是编剧。不知为什么，我现在总感觉他已经不在人世了。他体质不好，又很放纵。交游也杂乱。至于他当初不肯给我钢笔，那不能算吝啬，正如太平年月，千金之予，肥马轻裘之赠，不能算作慷慨一样。那时物质条件困难，为一支蘸水钢笔尖，或一个不漏水的空墨水瓶，也发生过争吵、争夺。

三

侯士珍，定县人，育德中学师范专修班毕业。在校时，任平民学校校长，与一女生恋爱结婚。毕业后，由育德中学校方介绍到保定第二女子师范当职员。后又到南方从军，不久回保定，失业，募捐办一小报。记得一年暑假，我们同住在育德中学的小招待楼里，他时常给我们唱《国际歌》和《少年先锋歌》。

到同口小学后，他兼音乐课和体操课。他在校外租了一间房，闲时就和同事们打小牌。他精于牌术，赢一些钱，补助家用。我是一次也没有参加过的。我住在校内，有一天中午，我从课堂上下来，在我的宿舍里，他正和一位常到学校卖书的小贩谈话。小贩态度庄严，侯肃然站立在他的面前聆听着。抗日以后，这位书贩，当了区党委的组织部长。使我想起，当时在我的屋子里，他大概是在向侯传达党的任务吧。侯在同口有了一个女孩，要我给起个名儿，我查了查字典，取了"茜茜"二字。

侯为人聪明外露，善于交际，读书不求甚解，好弄一些小权术，颇得校长信任。一天夜里，有人在院中贴了一张大传单，说侯是共产党。侯说是姓陈的训育主任陷害他，要求校长召集会议，声称有姓陈的就没有姓侯的。我忘记校长是怎样处置这个事件的，好像是谁也没有离开吧。不知为什么，我当时颇有些不相信是那位姓陈的干的，倒觉得是侯的一种先发制人的权谋。不久，学校也就放暑假，卢沟桥事变也发生了。

暑假以后，因为天下大乱，家乡又发了大水，我就没有到学校去。侯在同口、冯村一带，同孟庆山，组织抗日游击队，成立河北游击军，侯当了政治部主任。听说他扣押了同口二班的一个地主，随军带着，勒索军饷。

冬季，由我县抗日政府转来侯的一封信，叫我去肃宁看看。家里不放心，叫堂弟同我去。我在安平县城，见到县政指导员李子寿，他说司令部电话，让我随新收编的杨团长的队伍去。杨系土匪出身，队伍更不堪言，长袍、袖手、无枪者甚众。杨团长给了我一匹马。一路上队伍散漫无章，至晚才到了肃宁，其实只有七十里路。司令部有令：杨团暂住城外。我只好只身进城，被城门岗兵用刺刀格住。经联系，先见到政治部宣传科刘科长。很晚才见到侯。那时的肃宁城内大街，灯火明亮，人来人往，抗日队伍歌声雄壮，饭铺酒馆，家家客满，锅勺相击，人声喧腾。

侯同他的爱人带着茜茜，住在一家地主很深的宅子里，他把盒子枪上好子弹，放在身边。

第二天，他对我说，"这里太乱，你不习惯。"正好有人民自卫军司令部的一辆卡车，要回安国，他托吕正操的阎参谋长，把我带去。上车时风很大，他又去取了一件旧羊皮军大衣，叫我路上御寒。到了安国，我见到阎素、陈乔、李之琏等过去的同学同事，他们都在吕的政治部工作。

一九三八年春天，人民自卫军司令部，驻扎安平一带，我参加了抗日工作。一天，侯同家属、警卫，骑着肥壮高大的马匹来到安平，说是要调到山里学习，我尽地主之谊，请他们到家里吃了一顿饭。侯没有谈什么，他的妻子精神有些不佳。

一九三九年，我调到山里，不久就听说，侯因政治问题，已经不在人间。详细情形，谁也说不清楚。

今年，有另一位中学同学的女儿从保定来，是为她的父亲谋求平反的。说侯的妻子女儿，也都不在了。他的内弟刘韵波，是在晋东南抗日战场上牺牲的。这人我曾在保定见过，在同口，侯还为他举行过音乐会，美术方面也有才能。

当时代变革之期，青年人走在前面，充当搏击风云的前锋。时代赖青年推动而前，青年亦乘时代风云冲天高举。从事政治、军事活动者，最得风气之先。但是，我们的国家，封建历史的黑暗影响，积压很重。患难相处时，大家一片天真，尚能共济，一旦有了名利权势之争，很多人就要暴露其缺点，有时就死非其命或死非其所了。热心于学术者，表现虽稍落后，但就保全身命来说，所处境地，危险还小些。当然遇到"文化大革命"，虽是不问政治的书呆子，也就难以逃脱其不幸了。

四

一九四七年，我又到白洋淀一行。我虽然在《冀中导报》吃饭，并不是这家报纸的正式记者。到了安新县，就没有按照采访惯例，到县委宣传部报到，而是住在端村冀中隆昌商店。商店的经理是刘纪，原是新世纪剧社的指导员，为人忠诚热情，是个典型的农村知识分子。在他那里，我写了几篇关于席民生活的文章，因为是商店，吃得也比较好。

刘纪在"三反"、"五反"运动中，受到批评，也受到一些委屈，精神有很长时间失常。现在完全好了，家在天津，还是不忘旧交，常来看我。他好写诗，有新有旧，订成许多大本子，也常登台朗诵。

他的记忆力，自从那次运动以来，显然是很不好，常常丢失东西。"文化大革命"后期，我在佟楼谪所，他从王林处来看我，坐了一会儿走了，随即有于雁军追来，说是刘纪错骑了她的车子。我说他已经走了老半天，你快去追吧。于雁军刚走，刘纪的儿子又来了，说他爸爸的眼镜丢了，是不是在我这里。我说："你爸爸在我这里，他携带什么东西，走时我都提醒他，眼镜确实没丢在这里，你到王林那里去找吧！"他儿子说："你提醒他也不解决问题,他前些日子去北京,住在刘光人叔叔那里,都知道他丢三落四,临走叔叔阿姨都替他打点什物,送他出门,在路上还不断问他落下东西没有,他说,这次可带全了,什么也没落下。到了车站,才发现他忘了带车票!"

我一直感念刘纪,对我那段生活和工作,热情的帮助和鼓励。那次在佟楼见面,我送了他三部书:一、石印《授时通考》,二、石印《南巡大典》,三、影印《云笈七签》。其实都不是什么贵重之物。那时发还了抄家物品,我正为书多房子小发愁,也担心火警。每逢去了抽烟的朋友,我总是手托着烟盘,侍立在旁边,以免火星飞到破烂的旧书上。送给他一些书,是减去一些负担,也减去一些担惊受怕。但他并不嫌弃这些东西,表示很高兴要。在那时,我的命运尚未最后定论,书也还被认为是"四旧"之一,我上赶送别人几本,有时也会遭到拒绝。所以我觉得刘确是个忠厚的人。

这就使我联想到另一个忠厚的人,刘纪的高小老师,名叫刘通庸。抗日时我认识了他,教了一辈子书,读了一辈子进步的书,教出了许多革命有为的学生,本身朴实得像个农民,对人非常热情、坦率。

我在蠡县的时候,常常路过他的家,他那时已经患了神经方面的病症,我每次去看他,他总不在家,不是砍草拾粪,就是放羊去了。他的书很多,堆放在东间炕头上,我每次去了,总要上炕去翻看一阵子,合适的就带走。他的老伴,在西间纺线,知道是我,从来也不闻不问,只管干她的活。

既然到了安新，我就想到同口去看看，说实在话，我想去那里，并不是基于什么怀旧之情。到了那里，也没有找过去的同事熟人，我知道很多人到外面工作去了。我投宿在老朋友陈乔的家里，这也是抗日战争期间养成的习惯，住在有些关系的户，在生活上可以得到一些特殊照顾。抗日期间，是统一战线政策，找房子住，也不注意阶级成分，住在地主、富农家里，房间、被褥、饮食，也方便些。

　　但这一次却因为我在《一别十年同口镇》这篇文章的结尾，说了几句朋友交情的话，其实也是那时党的政策，连同《新安游记》等篇，在同年冬季土地会议上，受到了批判。这两篇文章，前者的结尾，后者的开头，后来结集出版时，都作过修改。此次淮舟从报纸复制编入，一字未动，算是复其旧观。也看不出有什么问题，这是因为时过境迁，人的观点就随着改变了。当时弄得那么严重，主要是因为我的家庭成分，赶上了时候，并非文字之过。同时，山东师范学院，也发现了《冀中导报》上的批判文章，也函请他们复制寄来，以存历史实际。

五

　　我是老冀中，认识人也不少，那里的同志们，大体对我还算是客气的。有时受批，那是因为我不知趣。土改以后，我在深县工作半年，初去时还背着一点黑锅，但那时同志间，毕竟是宽容的，在我离开那里的时候，县委组织部长穆涛，给我的鉴定是：

知识分子与工农干部相结合的模范！这绝不是我造谣，穆涛还健在。

当然，我不能承担这么高的评语。但我在战争年代，和群众相处，也确实还合得来。在那种环境，如果像目前这样生活，我就会吃不上饭，穿不上鞋袜，也保全不住性命。这么说，也有些可以总结的经验吗？有的。对工农干部的团结接近，我的经验有两条：一、无所不谈；二、烟酒不分。在深县时，县长、公安局长、妇联主任都和我谈得来。对于群众，到了一处，我是先从接近老太太们开始，一旦使她们对我有了好感，全村的男女老少，也就对我有了好感。直到现在，还有人说我善于拍老太太们的马屁。此外，因为我一向不是官儿，不担任具体职务，群众就会对我无所要求，也无所顾忌。对他们来说，我就像山水花鸟画一样，无益也无害。这样说个家长里短的，就很方便。此外，为人处世，就没有什么好的经验可以总结了。对于领导我的人，我都是很尊重的，但又不愿多去接近；对于和文艺工作有些关系的人，虽不一定是领导，文化修养也不一定高，却有些实权，好摆点官架，并能承上启下，汇报情况的人，我却常常应付不得其当。

六

话已经扯得很远，还是回到同口来吧。听说，我教书的那所小学校，楼房拆去了上层，下层现在是公社的仓库。当年同事，有死亡的，也有健在的。在天津，近几年，发现两个当年的学生，一个是六年级的刘学海，现任水利局局长，前几天给我送来一条很大的鱼。一个是五年级的陈继乐，在军队任通讯处长，前些时给我送来一瓶香油。刘学海还说，我那时教国文，不根据课本，是讲一些革命的文艺作品。对于这些，我听起来很新鲜，但都忘记了。查《善闇室纪年》，关于同口，还有这样的记载："'五四'纪念，作讲演。学生演出之话剧，系我所作，深夜突击，吃冷馒头、熬小鱼，甚香。"

淮舟在编我的作品目录时，忽然想编一本书，包括我写的关于白洋淀的全部作品。最初，我是一点兴趣也没有的，也不好打他的兴头。又要我写序，因此联想起很多旧事，写起来很吃力，有时也并不是很愉快的。因为对于这一带人民的贡献和牺牲来说，在文艺作品中的反映，是太薄弱了。

一九八一年六月十七日雨后写讫

平原的觉醒

一九三七年冬季，冀中平原是动荡不安的。秋季，滹沱河发了一场洪水，接着，就传来日本人已攻到保定的消息。每天，有很多逃难的人，扶老携幼，从北面涉水而来，和站在堤上的人们，简单交谈几句，就又慌慌张张往南走了。

"就要亡国了吗？"农民们站在堤上，望着茫茫大水，唉声叹气地说。

国民党的军队放下河南岸的防御工事，往南逃，县政府也雇了许多辆大车往南逃。有一天，郎仁渡口，有一个国民党官员过河，在船上打着一柄洋伞，敌机当成军事目标，滥加轰炸扫射。敌机走后，人们拾到很多像蔓菁粗的子弹头和更粗一些的空弹壳。日本人真的把战争强加在我们的头上来了。

我原来在外地的小学校教书，"七七"事变，我就没有去。这一年的冬季，我穿着灰色棉袍，经常往返于我的村庄和安平县城之间。由吕正操同志领导的人民自卫军司令部，就驻在县城里，我有几个过去的同事，在政治部工作。抗日人人有份，当时我虽然还没有穿上军衣,他们也分配我一些抗日宣传方面的工作。

我记得第一次是在家里编写了一本名叫《民族革命战争与戏剧》的小册子,政治部作为一个文件油印发行了。经过这些年的大动荡,居然保存下来一个复制本子。内容为:前奏。上篇:一、民族解放战争与艺术武器。二、戏剧的特殊性。三、中国劳动民众接近的戏剧。四、我们的口号。下篇:一、怎样组织剧团。二、怎样产生剧本。三、怎样演出。

接着,我还编了一本中外革命诗人的诗集,名叫《海燕之歌》,在县城铅印出版。厚厚的一本,紫红色的封面。因为印刷技术,留下一个螺丝钉头的花纹,意外地给阎素同志的封面设计,增加了一种有力的质感。

阎素同志是宣传部的干事,他从一个县城内的印字店找到一架小型简单的铅印机,还有一些零零散散大大小小的铅字。又找来几个从事过印刷行业的工人,就先印了这本,其实并非当务之急的书。经过"五一"大"扫荡",我再没有发现过这本书。

与此同时,路一同志主编了《红星》杂志,在第一期上,发表了我的一篇论文,题为《现实主义文学论》。这谈不上是我的著作,可以说是我那些年,学习社会科学和革命文学理论的读书笔记。其中引文太多了,王林同志当时看了,客气地讽刺说:"你怎么把我读过的一些重要文章,都摘进去了。"好大喜功、不拘小节的路一同志,却对这洋洋万言的"论文",在他主编的刊物上出现,非常满意,一再向朋友们推荐,并说:"我们冀中真有人才呀!"

这篇论文,现在也不容易找到了。抗战刚刚胜利时,我在一家房东的窗台上翻了一次。虽然没有什么个人的独特见解,但行文叙事之间,有一股现在想来是难得再有的热情和泼辣之力。

《红星》是一种政治性刊物,这篇文章提出"现实主义",有幸与"抗日民族统一战线"、"抗日游击战争"等等当前革命口号,同时提示到广大的抗日军民面前。

不久,我在区党委的机关报《冀中导报》,发表了《鲁迅论》,占了小报整整一版的篇幅。

青年时写文章,好立大题目,摆大架子,气宇轩昂,自有他好的一方面,但也有名不副实的一方面。后来逐渐知道扎实、委婉,但热力也有所消失。

一九三八年的春天,我算正式参加了抗日工作。那时冀中区成立一个统一战线的组织,叫人民武装自卫会。吕正操同志主持了成立大会,由史立德任主任,我当了宣传部长。会后,我和几个同志到北线蠡县、高阳、河间去组织分会,和新被提拔的在那些县里担任县政指导员的同志们打交道。这个会,我记得不久就为抗联所代替,七八月间,我就到设在深县的抗战学院去教书了。

这个学院由杨秀峰同志当院长,分民运、军事两院,共办了两期。第一期,我在民运院教抗战文艺。第二期,在军事院教中国近代革命史。

民运院差不多网罗了冀中平原上大大小小的知识分子,从高小生到大学教授。它设在深县中学里,以军事训练为主,教员都称为"教官"。在操场,搭了一个大席棚,可容五百人。横排一条条杉木,就是学生的座位。中间竖立一面小黑板,我就站在那里讲课。这样大的场面,我要大声喊叫,而一堂课是三个小时。

我没有讲义,每次上课前,写一个简单的提纲。每周讲两次。三个月的时间,我主要讲了:抗战文艺的理论与实际,文学概论和文艺思潮;革命文艺作品介绍,着重讲了现实主义的创作方法。

不管我怎样想把文艺和抗战联系起来,这些文艺理论上的东西,无论如何,还是和操场上的实弹射击,冲锋刺杀,投手榴弹,很不相称。

和我同住一屋的王晓楼,讲授哲学,他也感到这个问题。我们共同教了三个月的书以后,学员们给他的代号是"矛盾",而赋予我的是"典型",因为我们口头上经常挂着这两个名词。

杨院长叫我给学院写一个校歌歌词,我应命了,由一位音乐教官谱曲。现在是连歌词也忘记了,经过时间的考验,词和曲都没有生命力。

去文习武,成绩也不佳。深县驻军首长,赠给王晓楼一匹又矮又小的青马,他没有马夫,每天自己喂饮它。

有一天,他约我去秋郊试马。在学院附近的庄稼大道上,他先跑了一趟。然后,他牵马坠镫,叫我上去。马固然跑得不是样子,我这个骑士,也实在不行,总是坐不稳,惹得围观的男女学生拍手大笑,高呼"典型"。

在八年抗日战争和以后的解放战争期间,因为职务和级别,我始终也没有机会得到一匹马。我也不羡慕骑马的人,在不能称为千山万水,也有千水百山的征途上,我练出了两条腿走路的功夫,多么黑的天,多么崎岖的路,我也很少跌跤。

晓楼已经作古,我是很怀念他的,他是深泽人。阴历腊月,敌人从四面蚕食冀中,不久就占领了深县城。学院分散,我带领了一个剧团,到乡下演出,就叫流动剧团。我们现编现演,常常挂上幕布,就发现敌情,把幕拆下,又到别村去演。演员穿着服装,带着化装转移,是常有的事。这个剧团,活动时间虽不长,但它的基本演员,建国后,很多人成为名演员。

一九三九年春天,我就调到阜平山地去了。这个学院的学员,从那时起,转战南北,在部队,在地方,都建树了不朽的功勋。

一九三七年冬季,冀中平原是大风起兮,人民是揭竿而起。农民的爱国家、爱民族的观念,是非常强烈的。在敌人铁蹄压境的时候,他们迫切要求执干戈以卫社稷。他们苦于没有领导,他们终于找到共产党的领导。

一九七八年十月六日

"古城会"

一九三八年初冬，敌人相继占领了冀中大部县城。我所在的抗战学院，决定分散。在这个时候，学院的总务科刘科长，忽然分配给我一辆新从敌占区买来的自行车。我一直没有一辆自行车，前二年借亲戚间的破车子骑，也被人家讨还了。得到一辆新车，心里自然很高兴，但在戎马倥偬、又多半是夜间活动的当儿，这玩意儿确实也是个累赘。再说质量也太次，骑上去，大梁像藤子棍做的，一颤一颤的。我还是收下了，虽然心里明白，这是刘科长在紧急关头，采取的人分散物资也分散的措施。

我带着一个剧团，各处活动了一阵子，就到了正在河间一带活动的冀中区总部。冀中抗联史立德主任接收了我们，跟着一百二十师行军。当天黄昏站队的时候，史主任指定我当自行车队的队长。当然，他的委任，并非因为我的德才资都高人一筹，而是因为我站在这一队人的前头，他临时看见了我。我虽然也算是受命于危难之时，但夜晚骑车的技术，实在不够格，经常栽跤，以致不断引起后面部属们的非议。说实在的，这个抗联属下的自行车中队，是一群乌合之众。他们都是些新参加的青年学生，他们顺应潮流，从娇生惯养的家里出来，原想以后有个比较好的出路。出来不多两天，就遇到了敌人的大进攻，大扫荡，他们思家心切，方寸已乱。这是我当时对我所率领的这支部队的基本估计，并非因为他们不服从或不尊重我的领导。

一百二十师，是来冀中和敌人周旋打仗的，当然不能长期拖着这个调动不灵的尾巴，两天以后，冀中区党委，就下令疏散。我同老陈同志被指令南下，去一分区深县南部一带工作。

一天清早，我同老陈离开队伍往南走，初冬，田野里已经很荒凉，只有一堆堆的柴草垛。天晴得很好，远处的村庄上面，有一层薄薄的冬雾笼盖着，树林和草堆上，也都挂着一层薄薄的霜雪。路上没有一个行人，也遇不到一只野兔。四野像死去了一样沉寂，充满了无声的恐怖。我们一边走着，一边注视着前面的风吹草动，看有没有敌情。路过村庄，也很少见到人。狗吠叫着，有人从门缝中望望，就又转身走了。一路上都有惊魂动魄之感。

我和老陈，都是安平县人，路过安平境，谁也没想到回家去看看。天快黑的时候，我们到了深县境内。

"我们在哪里吃饭住宿呢？"一路上我同老陈计议着。

"我二兄弟国栋，听说在大陈村教武术，这里离大陈村不远了，要不我们去找找他吧！"老陈说。

老陈兄弟三人，他居长，自幼读书，毕业于天津第一师范，后在昌黎、庆云等处执教多年，今年回到家乡参加抗日，在抗战学院任音乐教官。

他的三弟，听说在南方国民党军队做事。他的二弟在家过日子，我曾见过，是个有些不夂不六的愣小伙子，常跟人打架斗殴，和老陈的温文尔雅的作风，完全不一样。

天很黑了，我们才到了这个村庄。这是个大村庄，我们顺南北大街往前走，没遇到一个人。我们也不敢高声喊问。走到路西一家大梢门前面，老陈张望了一下，说：

"我记得他就在这个院里，敲门问问吧！"

刚敲了两下门，就听得有几个人上了房，梢门上有像城墙垛口一样的建筑。

"什么人！"有人伸出头来问，同时听到拉枪栓的声音。

"我们找陈国栋，"老陈说，"我是他的大哥！"

听到房上的人嘀咕了几句，然后说：

"没有！"

紧接着就望天打了一枪。

我同老陈跟跄登上车子，弯腰往南逃跑，听到房上说：

"送送他们！"

接着就是一阵排枪，枪子从我们头上飞过去，不过打得比较高。我们骑到村南野外大道上，两旁都是荆子地，我倒在里面了。

我们只好连夜往深南赶，天明的时候，在一个村庄前面，见到了八路军的哨兵，才算找到了一分区。

在一家很好的宅院里，很暖和的炕头上，会见了一分区司令员和政委。并见到了深县县长张孟旭同志，张和老陈是同学，和我也熟。他交给我们一台收音机，叫我们每天收一些新闻，油印出来。

从此，我和老陈，就驮着这台收音机打游击，夜晚，就在老乡的土炕上，工作起来。

我好听京剧，有时抄新闻完了，老陈睡下，我还要关低声音，听唱一段京戏。老陈像是告诫我：

"不要听了，浪费电池。"

其实，那时还没有我们自己的电台，收到的不过是国民党电台广播的消息，参考价值并不大。我还想，上级给我们这台收音机，不过是叫我们负责保管携带，并不一定是为了听新闻。

老陈是最认真负责，奉公守法的人。

抗战胜利，我又回到冀中，有一次我在家里，陈国栋来找我，带着满脸伤痕，说是村里有人打了他。我细看他的伤，都是爪痕，我问：

"你和妇女打架了吗？"

"不是。有仇人打了我。"他吞吞吐吐地说。

我判定他是自己造的伤，想借此和人家闹事。我劝他要和睦邻里，好好过日子，不要给他哥哥找麻烦。最后，我问他：

"那次在大陈村，你在房上吗？"

"在！"他斩钉截铁地说。

"在，你为什么不让我们进去？"

"黑灯瞎火，我知道你们是什么人？"

"你哥哥的声音，你也听不出来吗？"

"兵荒马乱,听不出来。"
"唉!"我苦笑了一下说,"你和我们演了一出古城会!"

一九八一年十一月四日上午

在阜平

——《白洋淀纪事》重印散记

中国青年出版社要重印《白洋淀纪事》。这本书是由过去几本小书合成的,而小书根据的原件,又多是战争年月的油印、石印或抄写本,不清晰,错字多。合印时,我在病中,未能亲自校对,上次重印,虽说"自校一过",也只是着重校了书的上半部。

这本集子最初是由一位老战友协同出版社编辑的,采用了倒编年的办法,即把后写的排在前,而先写的列在后;这当然有他们的不可非议的想法,是一种好意。

这次重校,是从书的最后一篇,倒溯上去。实际上就是顺着写作年月看下去,好像又从原来的出发点开始,把过去走过的路,重新旅行了一次。不只对路上的一山一水,一石一树,都感到亲切,在行走中间,也时时有所感触。

一九三九年春天,我从冀中平原调到阜平一带山地,分配在晋察冀通讯社工作,这是新成立的一个机关,其中的干部,多半是刚刚从抗大毕业的学生。

通讯社在城南庄,这是阜平县的大镇。周围除去山,就是河滩沙石，我们住在一家店铺的大宅院里。我的日常工作是作"通讯指导"，每天给各地新发展的通讯员写信，最多可写到七八十封，现在已经记不起写的是什么内容。此外，我编写了一本供通讯员学习的材料，堂皇的题目叫作：《论通讯员及通讯写作诸问题》，可能是东抄西凑吧。不久铅印出版，是当时晋察冀少有的铅印书之一，可惜现在找不到了。

在这一期间，我认识了当代一些英才彦俊，抗日风暴中的众多歌手。伟大的抗日战争，把祖国各地各个角落的有志有为的青年，召唤到民族革命战争的前线。每天有成千上万的青年奔向前方，他们是国家一代的精华，蕴藏多年的火种，他们为抗日献出了青春的才力，无数人献出了生命。

这个通讯社成立时有十几个人，不到几年，就牺牲了包括陈辉、仓夷、叶烨在内的，好几位才华洋溢的青年诗人。在暴风雨中，他们的歌声，他们跃进的步伐，永不磨灭地存在一个时代和我个人的记忆之中。

机关不久就转移到平阳附近的三将台。这是一个建筑在高山坡上，面临一条河滩的，只有十几户人家的小村子。到这个村子不久，我被派到雁北地区作了一次随军采访，回来就过春节了。这还是我第一次离开家乡过春节，东望硝烟弥漫的冀中平原，心情十分沉重。

大年三十晚上，我的房东，端了一个黑粗瓷饭碗，拿了一双荆树条做的筷子，到我住的屋里，恭恭敬敬地放在炕沿上，说："尝尝吧。"

那碗里是一方白豆腐，上面是一撮烂酸菜，再上面是一个窝窝头，还在冒热气。我以极其感动的心情，接受了他的馈送。

房东是一个五十来岁的单身汉，他那干黑的脸，迟滞的眼神，带些愁苦的笑容以及暴露粗筋的大手，这在冀中我是见惯了的，一些穷苦的中年人，大都如此。这里的生活，比起冀中来就更苦，他们成年累月地吃糠咽菜，每家院子里放着几只高与人齐的大缸，里面泡满了几乎所有可以摘到手的树叶。在我们家乡，荒年时只吃榆树、柳树的嫩叶，他们这里是连杏树、杨树甚至蓖麻的大叶子，都拿回来泡在缸里。上面压上几块大石头，风吹日晒雨淋，夏天，蛆虫顺着缸沿到处爬。吃的时候，切成碎块，拿到河里去淘洗，回来放上一点盐。

今天的酸菜是白萝卜的缨子，这是只有过年过节才肯吃的。

我们在这村里，编辑一种油印的刊物《文艺通讯》。一位梁同志管刻写。印刷、折叠、装订、发行，我们俩共同做。他是一个中年人，曲阳口音，好像是从区里调来的。那时，虽说是五湖四海，却很少互问郡望。他很少说话，没事就拿起烟斗，坐在炕上抽烟。他的铺盖很整齐，离家近的缘故吧，除去被子，还有褥子枕头之类。后来，他要调到别处去，为了纪念我们这一段共事，他把一块铺在身下的油布送给了我，这对我当然是很需要的，因为我只有一条被，一直睡在没有席子的炕上。但也享受了不久，一次行军，中午躺在路边大石头上休息，把油布铺在下面，一觉醒来，爬起来就赶路，把油布丢了。

晚上，我还帮助一位姓李的女同志办识字班。她是一位热情、美丽、善良的青年，经过她的努力，把新的革命的文化，带给了这个偏僻落后的小村庄，并且因为我们的机关住在这里，它不久就成为边区文化的一个中心。

阜平一带，号称穷山恶水。在这片炮火连天的大地上，随时可以看到：一家农民，住在高高的向阳山坡上，他把房前房后，房左房右，高高低低的，大大小小的，凡是有泥土的地方，都因地制宜，栽上庄稼。到秋天，各处有各处的收获。于是，在他的房顶上面，屋檐下面，门框和窗棂上，挂满了红的、黄的粮穗和瓜果。当时，党领导我们在这片土地上工作的情形，就是如此。

山下的河滩不广，周围的芦苇不高。泉水不深，但很清澈，冬夏不竭，鱼儿们欢畅地游着，追逐着。山顶上，秃光光的，树枯草白，但也有秋虫繁响，很多石鸡、鹧鸪飞动着，孕育着，自得其乐地唱和着，山兔麕獐，忽然出现又忽然消失。

当时，我们在这里工作，天地虽小，但团结一致，情绪高涨；生活虽说艰苦，但工作效率很高。

我非常怀念经历过的那一个时代，生活过的那些村庄，作为伙伴的那些战士和人民。我非常怀念那时走过的路，踏过的石块，越过的小溪。记得那些风雪、泥泞、饥寒、惊扰和胜利的欢乐，同志们兄弟一般的感情。

在这一地区，随着征战的路，开始了我的文学的路。我写了一些短小的文章，发表在那时在艰难条件下出版的报纸期刊上。它们都是时代的仓促的记录，有些近于原始材料。有所闻见，有所感触，立刻就表现出来，是璞不是玉。生活就像那时走在崎岖的山路上，随手可以拾到的碎小石块，随便向哪里一碰，都可以迸射出火花来。

"四人帮"当路的年代，我的书的遭遇如同我的本身。有人也曾劝我把《白洋淀纪事》改一改，我几乎没加思考地拒绝了。如果按照"四人帮"的立场、观点、方法，还有他们那一套语言，去篡改抗日战争，那不只有背于历史，也有昧于天良。我宁可沉默。

真正的历史，是血写的书，抗日战争也是如此。真诚的回忆，将是明月的照临，清风的吹拂，它不容有迷雾和尘沙的干扰。面对祖国的伟大河山，循迹我们漫长的征途：我们无愧于党的原则和党的教导吗？无愧于这一带的土地和人民对我们的支援吗？无愧于同志、朋友和伙伴们在战斗中形成的情谊吗？

一九七七年九月十八日

第一次当记者

一九三八年冬季，我和老陈，又在深县马庄隐蔽了一段时间，冀中区的形势越来越不佳。次年初，就奉命过平汉路西去工作了。

这是王林同志来，传达的黄敬同志的命令。在驻定县境内七地委那里，开了简单的组织介绍信。同行的有冀中导报的董逸峰，还有安平县的一个到边区受训的区干部。我那时并非党员，除了这封信外，王林又用当时七地委书记张雪峰的名义，给我写了一封私函，详细说明我在冀中区的工作情况，其中不乏赞扬器重之词。这本来是老王的一番朋友之情。但是我这个人很迂挚，我当时认为既是抗日工作，人人有份，何必作私人介绍？又没有盖章，是否合适？在路上，我把信扔了。不知道我在冀中工作，遇到的都是熟人，一切都有个看顾，自可不必介绍，而去阜平则是人地两生之处。果然，到了阜平，负责组织工作的刘仁同志，骑马来到我们的驻地，分别和我们谈了一次话。老陈很快就分配了。而我住在招待所，迟迟不得分配。每天饭后爬到山头上，东迎朝霞，西送落日，颇有些惆怅之感。后来还是冀中区过去了人，刘仁同志打听清楚，才把我分配到刚刚成立的晋察冀通讯社工作。

这还算万幸，后来才知道，当时有一批所谓"来路不明"的人，也被陆续送往边区。和我同来的那个区干部，姓安，在没分配之前，有一天就找到我说："我和你们在路上说的话，可不能谈，我是个党员，你不是党员。"弄得我很纳闷，想了半天，也想不起在路上，他曾和我们说过什么不是党员应该说的话。我才后悔：千不该万不该把老王那封信撕掉。并从此，知道介绍信的重要性。还明白了，参加革命工作，并非像小说上说的，一进来，就大碗酒、大块肉，论套穿衣服，论秤分金银，还有组织审查这一道手续。

晋察冀通讯社设在阜平城南庄，主任是刘平同志。此人身材不高，仪表文雅，好抽烟斗，能写当时胡风体的文艺论文，据说刚从北平监狱放出不久。我分在通讯指导科，科长姓罗，是抗大毕业生，宁波人，青年学生。此人带有很大的洋场恶少成分，为人专横跋扈，记得一些革命和文艺的时髦名词，好给人戴大帽子。记得在边区记者协会成立时，我忘记说了一句什么话，他就说是周作人的理论。这种形左实右的人，在那时还真遇到不少，因为都是青年人，我置之不理，留下了非常不良的印象。他平时对我还算客气，这一是因为我年事较长，不与人争；二是因为我到社不久，就写了一本小册子，得到铅印，自己作品，封面上却写上集体创作，他以为我还算虚心，有可取之处。那时，因为伙食油水少，这位科长尤其嘴馋，我们在业余之暇，常到村外小河芦苇深处，掏些小沙鱼，回来用茶缸煮煮吃。（那里的老乡，不叫用他们的锅煮这些东西，甚至鸡也不让煮。他们还不许在他们的洗脸盆里用肥皂。他们说，闻不惯这些味道。这是事实。）每次掏鱼，他都是站在干岸上，很少下水，而且不断指手画脚，嘴里不三不四，使人生厌，兴趣索然。

我和他睡在老乡家一条乌黑发亮、没有炕席、枕头和褥子的土炕上。我好失眠，有时半夜里，在月光之下，看见他睁大两只眼睛，也没有安睡。后来我才知道，他正在和社里一位胖胖的女同志，偷着谈恋爱。那时候，虽然没有明文规定，但恋爱好像是很不体面的事。罗后来终于和这位女同志结了婚，并一同调到平北游击区去工作。那里很残酷，礼拜六，罗骑马去接妻子，在路途遇见敌人，中弹牺牲。才华未展，深为可惜。

就在到通讯社的这年冬季，我有雁北之行。边区每年冬季，都遭敌人"扫荡"。因此派一些同志，到各分区采访，一是工作，二是疏散。罗科长在我们早晨出操的农民场院里，传达了主任的指示。

同行者三人：我，还有董逸峰，是从冀中和我一同过路来的。此人好像被列入"来路不明"的那一类，后来竟不知下落。另一人姓夏。此人广东籍，小有才气，写过一些通讯，常常占去当时晋察冀日报的整个四版。我现在想，通讯文章之长，在开天辟地之时，就发生了。那时报纸虽不大，但因消息来源少，下面来稿也少，所以就纵容这些记者们，去写长篇通讯。随后，就形成了一种风气，一直持续抗战八年，衍及现代。这是题外的话。夏好像已是党员，社长虽未公布他是我们的负责人，但我忖度形势，他是比我们更被信任的。

出发时，已发棉装，系中式土布土染袄裤，短小而不可体。另有一山西毡帽，形似未打气的皮球，剪开一半，翻过即可护耳，为山地防寒佳品。腰间结一布带（很少有人能结皮带）。当时如摄影留念，今日观之，自是寒伧，在当时和农民比较，却又优越得多了。

从阜平去雁北，路很难走，我们走的又多是僻路，登山涉水，自是平常，有时还要从两山挟持的罅缝中，相互推举牵拉，才能过去。详细沿途情形，现已记忆不清，走了几天，才到了雁北行署所在地。

当时的雁北地区，主要指应县、繁峙一带，我们活动的范围并不大，而敌人对此处，却很重视，屡次扫荡。行署主任是王斐然同志，王本是我在育德中学时的图书管理员，是接任安志诚先生的。我在学校时的印象，他好像是一九二七年大革命失败后，到学校任职的，整天穿一件不太干净的深蓝布大衫，走路有些蹒跚，给人一种有些潦倒的印象。他对校方有些不满，曾经和我谈过当时的一名被校长信任的会计，是"恨无媚骨，幸有长舌"的人物。在学校，他还曾送我一本不很流行的李守章的小说，名叫《跋涉》，使我长期记住这位昙花一现的作家的名字。

到了行署，王震的部队正在这一带活动，我同董逸峰跟随部队活动了一程子。在一次集合时，在山脚下遇到了两个小同乡：

一个是东邻崔立国，他父亲是个商人；一个是同街道的孙建章，他父亲是个木匠。异地相逢，非常亲热，他们都是王震旅的战士。在山下，朔风呼啸，董逸峰把他穿的一件日本黄呢军大衣，脱下来叫我穿上，也使我一直感念不忘。此人南方人，白皙，戴眼镜，说话时紧闭嘴唇，像轻蔑什么东西一样。能写些作品。

我跟随一个团活动。团政治主任，我忘记了他的姓名，每餐都把他饭盒里的菜，分一些给我吃。以后我到部队采访，经常遇到这种年轻好客的指挥人员。

敌人又进行扫荡，我回到行署，有些依赖思想，就跟随王斐然转移。有一天走到一个村庄，正安排着吃顿羊肉，羊肉没有熟，就从窗口望见进村的山头上，有了日本兵。我们放下碗筷，赶紧往后山上跑，下山后就是一条河，表面已经结了冰，王斐然穿着羊皮袍子，我穿着棉裤，蹚了过去。过了河，半截身子都是水，随即结成了冰，哗哗地响着，行走很不便。我发起高烧，王斐然给找了担架。夜晚到了一处高山，把我放在一家没有人住的农舍外屋，王与地委书记等人开会，地委书记说要高度疏散，问他还带着什么人，他说有一名记者。地委书记说，记者为什么不到前方去？他说，他病了。

在反扫荡时，王有时虽也因为有这样一个学生拖累，给他增添不少麻烦，曾有烦言。但在紧急关头，还是照顾了我。不然，战争年代，在那样人地两生的荒凉之地，加上饥寒疾病，我一个人活动，很可能遇到危险的，甚至可能叫野狼吃掉。所以也一直对他感念不尽。

接近旧历年关时，我们这个被称做记者团的三个人，回到了通讯社。我只交了一篇文艺通讯稿，即《一天的工作》。夏一个人向领导作了汇报。刘平同志在开会时，委婉而严厉地、对我们的这次出差，表示了不满。

后来，我知道夏这个人，本身散漫，不守纪律，对别人却好造作谎言，取悦领导。全国解放以后，他曾以经济问题，受到制裁。

我有这样的经验，有的人在战争打响时，先叫别人到前方去；打了胜仗慰问时，他再到前方去。对于这样的记者或作家，虽是领导，我是不信服，也不想听从的。

我虽在幼年就梦想当一名记者，此次出师失败，证明我不适宜当记者，一是口讷，二是孤僻。所以后来就退而当编辑了。

一九八一年十一月六日改讫

关于小说《蒿儿梁》的通信

繁峙县地方志编纂委员会：

你们在八月三十日写给我的一封信，收到了。直到今日才能给你们复信，请原谅。收到这封信后，使我深深地陷入年月久远的回忆中，有很多感想，一时整理不出一个头绪，因此动笔倒迟了。

一九四三年秋季，我从《晋察冀日报》（我在那里编副刊）调到了华北联合大学教育学院的高中班去教国文。这次调动，可能是李常青同志提议的，他那时任教育学院的院长。他曾在晋察冀北方分局宣传部负责，我自一九三九年到达边区以后，一直在他的领导下工作。

到了高中班以后，本来那里的教员们有一个宿舍大院，但我一向孤僻，我自己在村北边找了一个人家住下。别的记不得了，只记得在屋中间搭了一扇门板，作为床铺，每天清早，到村边小河去洗脸漱口，那时已是晚秋，天气很凉了。当小河结了一层薄冰的时候，开始了反扫荡。所谓反扫荡，就是日寇进攻边区，实行扫荡，我们与之战斗周旋，这种行动，总是在冬季进行。

行军之前，我领到一身蓝布棉衣。随即爬山越岭，向繁峙县境转移。我们原住的村庄，属于阜平。

不知走了多少天（那时转移，是左转右转，并非直线前行），在深山里的一个小村庄，我们停下来。我的头发很长了，有一个人借了老乡一把剪刀，给我剪了剪。我就发起烧来，脖颈和脊背的上部，起了很多水痘。我主观认为这是因为剪刀不净引起的，当然也可能是其他原因引起的，而且很可能就是天花。我有一个学生，名叫王鑫郎，他是全班长得最漂亮的，他在反扫荡中就得了天花，等到反扫荡结束，再见到他时，我简直不认得他了。我因为幼年接引过牛痘，可能发病轻微罢了。

当时领队的是傅大琳同志，他是物理教员，曾经是南开大学的助教。他见我病了，就派了一位康医生，一位刘护士，还有一位姓赵的学生，陪我到一个隐蔽而安全的地方去养病。说实在的，在我一生之中，病了以后得到如此隆重的照顾，还是第一次。不过，这也是因时制宜的一种办法。在战争紧急之时，想尽一切办法，把人员分散开来，化整为零，以利行军。

我们就到了蒿儿梁。所以说，你们信上说"养伤"，是不对的，应该说是"养病"，因为我并非一个荷枪实弹的战士，并非在与敌人交火时，光荣负伤。有必要说明一下，以正视听。

初到蒿儿梁，战争的风声正紧，这个兀立在高山顶上的小村庄，可能还没有驻过队伍。又因为我们这支小小的队伍，一是服装不整齐，二是没有武器，三是男女混杂，四是可能还没有地方领导机关的介绍信，在向村干部去要粮食的时候，遇到了不顺利。我听说了以后，亲自到村干部那里去了一次。我那时身上带了一支左轮小手枪。这支小枪，有一个皮套，像女人的软底鞋似的。这是我初到路西时，刘炳彦同志送给我的。我系在腰里，只是充样子，一枪也没有放过。直到一九四四年，我到了延安，邓德滋同志要随军南下，我又送给了他，这是后话。

可能是这支小手枪起了点作用，我们弄到了一点莜麦面。也可能是我当时因又饥又乏又有病，表现的急躁情绪，起了作用。当然，很快我们就和村干部熟识了，亲密得像一家人了。

我们三个男的，就住在郭四同志家的一间小西房里，护士和妇救会主任住在一起。这间屋子，我所以记得是西房，因为每天早晨，阳光射在我身旁的纸窗上，就会给正在病中的我无限安慰和希望。屋子有一方丈大，土炕占去三分之二，锅台又占去余下的三分之二，地下能活动的地方就很有限了。我经常坐在炕上，守着一个山西特有的白泥火盆。火盆里装满莜麦秸火灰，上面一层是白色的，用火筷一拨，下面就是火，像红杏一样的颜色，很能引起人的幻想。我把一个山药蛋按进灰里，山药蛋噗噗地响着，不一会就熟了，吃起来香得很。

所谓医生，所谓护士，都是受几个月训练速成的，谈不上什么医术医道。我们只有一把剪刀，一把镊子，一瓶红药水。每天，护士在饭锅里，把剪刀镊子煮煮，把水痘的化脓处清理清理，然后用棉花蘸着红药水，在伤处擦一擦。这种疗法显然不太得当，所以直到现在留下的伤疤，都很大，像一个个的铜钱。

我还写过一篇小说叫《看护》，也是记这段生活的。

康医生，有二十多岁，人很精明，医术虽然差些，但在经营粮草方面，很有办法，我们在那里，不记得有挨饿的时候。后来他和我一同到了延安，同在一个学校，他还是医生。我记得他为我洗过一次肠，还有一次，我在延河洗澡，伤了脚掌，他替我敷过一次药。现在不知他到哪里去了。

关于蒿儿梁的印象，都已经写在文章里，现在回忆不起更多的东西了。但那是小说，不能太认真。其中的人物，自然有当时当地人物的影子，但更多的是我的设想，或者说是我的"创造"。

但我听说郭四同志还能记起这件事，我是非常感动的，不只感谢他一家人当时对我们的照料，也为他仍然健在，记忆力很强而高兴。他年纪也很大了吧？请转达我对他一家人的深切的怀念之情。

在那样一个寒冷的地方，我安全而舒适地度过了一个难忘的冬季。我们可以想想，我的家是河北省安平县，如果不是抗日战争的推使，我能有机会到了贵县的蒿儿梁？我是怎样走到那里去的呢？身染重病，发着高烧，穿着一身不称体的薄薄的棉衣，手里拄着一根六道木拐棍，背着一个空荡荡的用旧衣服缝成的所谓书包，书包上挂着一个破白铁饭碗。这种形象，放在今天，简直是叫花子之不如，随便走到哪里，能为人所收容吗？但在那时，蒿儿梁收容了我，郭四一家人用暖房热炕收容了我。而经过漫长的几经变化的岁月，还记得我，这不值得感激吗？

这是在艰难的日子里，才能发生的事，才能铸成的感情。

我们在那里，住了两三个月，过了阳历年，又过了阴历年，才奉命返校。去的时候，我们好像是走的西道，回来的时候，是从东边一条小道下山，整整走了一天，才到山根下，可以想象蒿儿梁是有多么高。天快黑了，我看到了村庄庙宇，看到了平地，心里一高兴，往前一跑。其实是一条小河，上面结着冰，盖着一层雪，一下滑倒，晕了过去。身后的人，才把我抬进成果庵。这一段生活，我好像也写进了小说。

一九四八年冬季，我们集中在胜芳，等候打下天津。我住在临河的一间房子里。夜里没有事，我写了《蒿儿梁》这篇小说，作为我对高山峻岭上的这个小小的村庄，生活在那里的人们的回忆。

是的，时间已经过去四十年了。当时在一起的同志们，各奔一方，消息全无，命运难测。我也很衰老了。人生的变化多大啊，万事又多么出乎意料？能不变的，能不褪色的，就只有战争年代结下的友情，以及关于它的回忆了。

现在是夜里三点钟。窗外的风，吹扫着落叶，又在报告着冬天即将到来。

蒿儿梁上，已经很冷了吧？

祝

他们幸福！

孙　犁

一九八二年九月二十日

附：繁峙县县志编委会给孙犁的信

孙犁同志：

您好。

据我县蒿儿梁郭四同志回忆，您曾于一九四三年在他家养过伤，并在走时赠他家一幅字——"模范家庭"，此后，您并写过一篇小说《蒿儿梁》（或是报道），后由马墨农同志编绘连环画出版发行。

现在，我们县也和全国各地一样，正在编写新的县志，需要了解这方面的情况，故给您去信，望您能提供如下情况：

1. 您在蒿儿梁养伤的具体时间，前后经过，及离开时间。

2. 关于您写作《蒿儿梁》一文的经过，是否以郭四及其妻子（当时的妇女主任）为模特儿？

3. 您所知道的当时蒿儿梁的其他情况。

如您精力、时间允许，请写一篇回忆录寄给我们，如不允许，请为我们提供以上材料。您认为我们这样冒昧地要求您，当否？望函告我们。

切候惠书！

顺祝

撰安！

山西省繁峙县县志编委会
一九八二年八月三十日

关于《山地回忆》的回忆

一九四九年十二月，我写了一篇短篇小说《山地回忆》，发表在上海的《小说》杂志上。最近，有的地方编辑丛刊，收进了它。在校正文字时，我想起一些过去的事。

自己的生平，本来没有什么值得郑重回忆的事迹。但在"四人帮"当路的那些年月，常常苦于一种梦境：或与敌人遭遇，或与恶人相值。或在山路上奔跑，或在地道中委蛇。或沾溺厕，或陷泥泞。有时漂于无边苦海，有时坠于万丈深渊。呼叫醒来，长舒一口气想道：我走过的路上，竟有这么多的险恶，直到晚年，还残存在印象意识之中吗？

是，有的。近的且不去谈它。一九四四年春季，经历了敌人三个月的残酷"扫荡"，我刚刚从繁峙的高山上下来，就和华北联大高中班六七位同事，几十个同学，结队出发，到革命圣地延安去。这是一支很小的队伍，由总支书记吕梁同志带队。吕梁同志，从到延安分手后，我就一直没见到过他。他是一位善于做政治工作，非常负责，细心周到，沉默寡言的值得怀念的同志。

我们从阜平出发,不久进入山西境内。大概是到了忻县一带吧,接近敌人据点。一天中午,我们到了一个村庄,在村里看不到什么老百姓。我们进入一家宅院,把背包放在屋里,就按照命令赶快做饭。饭是很简单的,东锅焖小米饭,西锅煮菜汤。人们把饭吃完,然后围在西锅那里,洗自己的饭碗。

我有个难改的毛病,什么事都不愿往上挤,总是靠后站。等人们利用洗锅的那点水,把碗洗好,都到院里休息去了,我才上去洗。锅里的水已经很少,也很脏了,我弯着腰低着头,忽然"嗡"的一声,锅飞了起来,屋里烟尘弥漫,院子里的人都惊了。

我还不知道是怎么回事。拿着小洋瓷碗,木然地走到院里,同学们都围了上来。据事后他们告诉我,当时我的形象可怕极了。一脸血污,额上翻着两寸来长的一片肉。

当我自己用手一抹,那些可怕的东西,竟是污水和一片菜叶的时候,我不得不到村外的小河里去把脸洗一下。

在洗脸的时候,我和一个在下游洗菜的妇女争吵了起来。我刚刚受了惊,并断定这是村里有坏人,预先在灶下埋藏了一枚手榴弹,也可以说是一枚土制的定时炸弹。如果不是山西的锅铸得坚固,灶口垒得严实,则我一定早已魂飞天外了。

我非常气愤,和她吵了几句,悻悻然回到队上,马上就出发了。

村南是一条大河。我对这条河的印象很深,但忘记问它的名字。是一条东西方向的河,有二十米宽,水平得像镜子一般,晴空的太阳照在它的身上,简直看不见有什么涟漪。队长催促,我们急迫地渡过河流。水齐着我的胸部,平静、滑腻,有些暖意,我有生以来,第一次体会到水的温柔和魅力。

远处不断传来枪声。过河以后,我们来不及整理鞋袜,就要爬上一座非常陡峭的,据说有四十里的高山。一个姓梅的女同学,还在河边洗涮鞋里的沙子,我招呼了她,并把口袋里的冷玉米面窝窝头,分给她一些,作为赶爬这样高山的物质准备。天黑,我们爬到了山顶,风大、寒冷,不能停留,又遇到暴雨。第二天天亮,我们才算下了山,进入村庄休息。

睡醒以后,同事们才有了精力拿我昨天遇到的惊险场面,作为笑料,并庆幸我的命大。

我现在想:如果,在那种情况下,把我炸死,当然说不上是冲锋陷阵的壮烈牺牲,只能说是在战争环境中的不幸死亡。在那些年月,这种死亡,甚至可以说是一种接近寿终正寝的正常死亡。同事们会把我埋葬在路旁、山脚、河边,也无须插上什么标志。确实,有不少走在我身边的同志,是那样倒下去了。有时是因为战争,有时仅仅是因为疾病、饥寒,药物和衣食的缺乏。每个战士都负有神圣的职责,生者和死者,都不把这种死亡作为不幸,留下遗憾。

现在,我主要回忆的不是这些,是关于那篇小说《山地回忆》。小说里那个女孩子,绝不是这次遇到的这个妇女。这个妇女很刁泼,并不可爱。我也不想去写她。我想写的,只是那些我认为可爱的人,而这种人,在现实生活中间,占大多数。她们在我的记忆里是数不清的。洗脸洗菜的纠纷,不过是引起这段美好的回忆的楔子而已。

"四人帮"派的文艺观是:不许人们写真人真事,而又好在一部作品中间,去作无中生有的索引,去影射。这是一种对生活、对文艺都非常有害的做法。

在一篇作品,他们认为是"红"的时候,他们把主角和真人真事联系起来,甚至和作者联系起来。以为作者是英雄,所以他才能写出英雄;作者是美女,所以她才能写出美女。并把故事和当时当地联系起来,拿到一定的地点去对证,荣耀乡里。在一部作品,他们忽然又要批判的时候,就把主角的反动性,和真人真事联系起来,甚至和作者联系起来,拿到他的工作地点或家乡去批判,株连亲友,辱及先人。

有人说这叫"庸俗社会学"。社会学不社会学我不知道,庸俗是够庸俗的了。

我虽然主张写人物最好有一个模特儿,但等到人物写出来,他就绝不是一个人的孤单摄影。《山地回忆》里的女孩子,是很多山地女孩子的化身。当然,我在写她们的时候,用的多是彩笔,热情地把她们推向阳光照射之下,春风吹拂之中。在那可贵的艰苦岁月里,我和人民建立起来的感情,确是如此。我的职责,就是如实而又高昂浓重地把这种感情渲染出来。

进城以后,我已经感到:这种人物,这种生活,这种情感,越来越会珍贵了。因此,在写作中间,我不可抑制地表现了对她,对这些人物的深刻的爱。

一九七八年九月二十九日上午

关于《荷花淀》的写作

《荷花淀》最初发表在延安《解放日报》的副刊上，是一九四五年春天，那时我在延安鲁迅艺术文学院学习和工作。

这篇小说引起延安读者的注意，我想是因为同志们长年在西北高原工作，习惯于那里的大风沙的气候，忽然见到关于白洋淀水乡的描写，刮来的是带有荷花香味的风，于是情不自禁地感到新鲜吧。当然，这不是最主要的，是献身于抗日的战士们，看到我们的抗日根据地不断扩大，群众的抗日决心日益坚决，而妇女们的抗日情绪也如此令人鼓舞，因此就对这篇小说发生了喜爱的心。

白洋淀地区属于冀中抗日根据地。冀中平原的抗战，以其所处的形势，所起的作用，所经受的考验，早已为全国人民所瞩目。

但是，这里的人民的觉醒，也是有一个过程的。这一带地方，自从"九一八"事变以来，就屡屡感到日本帝国主义的威胁。卢沟桥事变不久，敌人的铁蹄就踏进了这个地区。这是敌人强加给中国人民的一场大灾难。而在这个紧急的时刻，国民党放弃了这一带国土，仓皇南逃。

农民的爱国心和民族自尊心是非常强烈的。他们面对的现实是：强敌压境，自己的生命，自己的家园，自己的妻子儿女，都没有了保障。他们要求保家卫国，他们要求武装抗日。

共产党和八路军及时领导了这一带广大农民的抗日运动。这是风起云涌的民族革命战争，每一个人都在这场斗争中献出了自己的全部力量。

在抗日的旗帜下，男女老少都动员起来了，面对的是最残暴的敌人。不抵抗政策，早已被人们唾弃。他们知道：凡是敌人，如果你对他抱有幻想，不去抵抗，其后果，都是要不堪设想，无法补偿的。

这是全民战争。那时的动员口号是：有人出人，有枪出枪，有钱出钱，有力出力。

农民的乡土观念是很重的。热土难离，更何况抛妻别子。但是青年农民，在各个村庄，都成群结队地走上抗日前线。那时，我们的武装组织有区小队、县大队、地区支队、纵队。党照顾农民的家乡观念，逐步逐级地引导他们成为野战军。

农民抗日，完全出于自愿。他们热爱自己的家、自己的父母妻子。他们当兵打仗，正是为了保卫他们。暂时的分别，正是为了将来的团聚。父母妻子也是这样想。

当时，一个老太太喂着一只心爱的母鸡，她就会想到：如果儿子不去打仗，不只她自己活不成，她手里的这只母鸡也活不成。一个小男孩放牧着一只小山羊，他也会想到：如果父亲不去打仗，不只他自己不能活,他牵着的这只小山羊也不能活。

至于那些青年妇女,我已经屡次声言,她们在抗日战争年代,所表现的识大体、乐观主义以及献身精神,使我衷心敬佩到五体投地的程度。

《荷花淀》所写的,就是这一时代,我的家乡,家家户户的平常故事。它不是传奇故事,我是按照生活的顺序写下来的,事先并没有什么情节安排。

白洋淀属于冀中区,但距离我的故乡,还有很远的路。一九三六年到一九三七年,我在白洋淀附近,教了一年小学。清晨黄昏,我有机会熟悉这一带的风土和人民的劳动、生活。

抗日战争时期,我主要是在平汉路西的山里工作。从冀中平原来的同志,曾向我讲了两个战斗故事:一个是关于地道的,一个是关于水淀的。前者,我写成一篇《第一个洞》,后者就是《荷花淀》。

我在延安的窑洞里一盏油灯下,用自制的墨水和草纸写成这篇小说。我离开家乡、父母、妻子,已经八年了。我很想念他们,也很想念冀中。打败日本帝国主义的信心是坚定的,但还难预料哪年哪月,才能重返故乡。

可以自信,我在写作这篇作品时的思想、感情,和我所处的时代,或人民对作者的要求,不会有任何不符拍节之处,完全是一致的。

我写出了自己的感情,就是写出了所有离家抗日战士的感情,所有送走自己儿子、丈夫的人们的感情。我表现的感情是发自内心的，每个和我生活经历相同的人，就会受到感动。

文学必须取信于当时，方能传信于后世。如在当代被公认为是诳言，它的寿命是不能长久的。时间检验了这篇五千字上下的小作品，使它得以流传到现在。过去的一些争论，一些责难，现在好像也不存在了。

冀中区的人民，在八年抗日战争中做出重大贡献，忍受重大灾难，蒙受重大损失。他们的事迹，必然要在文学上得到辉煌的反映，流传后世。《荷花淀》所反映的，只是生活的一鳞半爪。关于白洋淀的创作，正在方兴未艾，后来者应该居上。

一九七八年十一月五日草成

某村旧事

一九四五年八月，日寇投降，我从延安出发，十月到浑源，休息一些日子，到了张家口。那时已经是冬季，我穿着一身很不合体的毛蓝粗布棉衣，见到在张家口工作的一些老战友，他们竟是有些"城市化"了。做财贸工作的老邓，原是我们在晋察冀工作时的一位诗人和歌手，他见到我，当天夜晚把我带到他的住处，烧了一池热水，叫我洗了一个澡，又送我一些钱，叫我明天到早市买件衬衣。当年同志们那种同甘共苦的热情，真是值得怀念。

第二天清晨，我按照老邓的嘱咐到了摊贩市场。那里热闹得很，我买了一件和我的棉衣很不相称的"绸料"衬衣，还买了一条日本的丝巾围在脖子上，另外又买了一顶口外的狸皮冬帽戴在头上。路经宣化，又从老王的床铺上扯了一条粗毛毯，一件日本军用黄呢斗篷，就回到冀中平原上来了。

这真是胜利归来，扬扬洒洒，连续步行十四日，到了家乡。在家里住了四天，然后，在一个大雾弥漫的早晨，到蠡县县城去。

冬天，走在茫茫大雾里，像潜在又深又冷的浑水里一样。但等到太阳出来，就看见村庄、树木上，满是霜雪，那也真是一种奇景。那些年，我是多么喜欢走路行军！走在农村的、安静的、平坦的道路上，人的思想就会像清晨的阳光，猛然投射到披满银花的万物上，那样闪耀和清澈。

傍晚，我到了县城。县委机关设在城里原是一家钱庄的大宅院里，老梁住在东屋。

梁同志朴实而厚重。我们最初认识是一九三八年春季，我到这县组织人民武装自卫会，那时老梁在县里领导着一个剧社。但熟起来是在一九四二年，我从山地回到平原，帮忙编辑《冀中一日》的时候。

一九四三年，敌人在晋察冀持续了三个月的大"扫荡"。在繁峙境，我曾在战争空隙，翻越几个山头，去看望他一次。那时他正跟随西北战地服务团行军，有任务要到太原去。

我们分别很久了。当天晚上，他就给我安排好了下乡的地点，他叫我到一个村庄去。我在他那里，见到一个身材不高管理文件的女同志，老梁告诉我，她叫银花，就是那个村庄的人。她有一个妹妹叫锡花，在村里工作。

到了村里，我先到锡花家去。这是一家中农。锡花是一个非常热情、爽快、很懂事理的姑娘。她高高的个儿，颜面和头发上，都还带着明显的稚气，看来也不过十七八岁。中午，她给我预备了一顿非常可口的家乡饭：煮红薯、炒花生、玉茭饼子、杂面汤。

她没有母亲，父亲有四十来岁，服饰不像一个农民，很像一个从城市回家的商人，脸上带着酒气，不好说话，在人面前，好像做了什么错事似的。在县城，我听说他不务正业，当时我想，也许是中年鳏居的缘故吧。她的祖父却很活跃，不像一个七十来岁的老人，黑干而健康的脸上，笑容不断，给我的印象，很像是一个牲口经纪或赌场过来人。他好唱昆曲，在我们吃罢饭休息的时候，他拍着桌沿，给我唱了一段《藏舟》。这里的老一辈人，差不多都会唱几口昆曲。

我住在这一村庄的几个月里，锡花常到我住的地方看我，有时给我带些吃食去。她担任村里党支部的委员，有时也征求我一些对村里工作的意见。有时，我到她家去坐坐，见她总是那样勤快活泼。后来，我到了河间，还给她写过几回信，她每次回信，都谈到她的学习。我进了城市，音问就断绝了。

这几年，我有时会想起她来，曾向梁同志打听过她的消息。老梁说，在一九四八年农村整风的时候，好像她家有些问题，被当作"石头"搬了一下。农民称她家为"官铺"，并编有歌谣。锡花仓促之间，和一个极普通的农民结了婚，好像也很不如意。详细情形，不得而知。乍听之下，为之默然。

我在那里居住的时候，接近的群众并不多，对于干部，也只是从表面获得印象，很少追问他们的底细。现在想起来，虽然当时已经从村里一些主要干部身上，感觉到一种专横独断的作风，也只认为是农村工作不易避免的缺点。在锡花身上，连这一点也没有感到。所以，我还是想：这些民愤，也许是她的家庭别的成员引起的，不一定是她的过错。至于结婚如意不如意，也恐怕只是局外人一时的看法。感情的变化，是复杂曲折的，当初不如意，今天也许如意。很多人当时如意，后来不是竟不如意了吗？但是，这一切都太主观，近于打板摇卦了。我在这个村庄，写了《钟》、《"藏"》、《碑》三篇小说。在《"藏"》里，女主人公借用了锡花这个名字。

我住在村北头姓郑的一家三合房大宅院里，这原是一家地主，房东是干部，不在家，房东太太也出去看望她的女儿了。陪我做伴的，是他家一个老用人。这是一个在农村被认为缺个魂儿、少个心眼儿、其实是非常质朴的贫苦农民。他的一只眼睛不好，眼泪不停止地流下来，他不断用一块破布去擦抹。他是给房东看家的，因而也帮我做饭。没事的时候，也坐在椅子上陪我说说话儿。

有时，我在宽广的庭院里散步，老人静静地坐在台阶上；夜晚，我在屋里地下点一些秫秸取暖，他也蹲在一边取火抽烟。他的形象，在我心里，总是引起一种极其沉重的感觉。他孤身一人，年近衰老，尚无一瓦之栖，一垄之地。无论在生活和思想上，在他那里，还没有在其他农民身上早已看到的新的标志。一九四八年平分土地以后，不知他的生活变得怎样了，祝他晚境安适。

在我的对门，是妇救会主任家。我忘记她家姓什么，只记得主任叫志扬，这很像是一个男人的名字。丈夫在外面做生意，家里只有她和婆母。婆母外表黑胖，颇有心计，这是我一眼就看出来的。我初到郑家，因为村干部很是照顾，她以为来了什么重要的上级，亲自来看过我一次，显得很亲近，一定约我到她家去坐坐。第二天我去了，是在平常人家吃罢早饭的时候。她正在院里打扫，这个庭院显得整齐富裕，门窗油饰还很新鲜，她叫我到儿媳屋里去，儿媳也在屋里招呼了。我走进西间里，看见妇救会主任还没有起床，盖着耀眼的红绫大被，两只白皙丰满的膀子露在被头外面，就像陈列在红绒衬布上的象牙雕刻一般。我被封建意识所拘束，急忙却步转身。她的婆母却在外间吃吃笑了起来，这给我的印象颇为不佳，以后也就再没到她家去过。

有时在街上遇到她婆母，她对我好像也非常冷淡下来了。我想，主要因为，她看透我是一个穷光蛋，既不是骑马的干部，也不是骑车子的干部，而是一个穿着粗布棉衣，夹着小包东游西晃溜溜达达的干部。进村以来，既没有主持会议，也没有登台讲演，这种干部，叫她看来，当然没有什么作为，也主不了村中的大计，得罪了也没关系，更何必巴结钻营？

后来听老梁说，这家人家在一九四八年冬季被斗争了。这一消息，没有引起我任何惊异之感，她们当时之所以工作，明显地带有投机性质。

在这村，我遇到了一位老战友，他的名字，我起先忘记了，我的爱人是"给事中"，她告诉我这个人叫松年。那时他只有二十五六岁，瘦小个儿，聪明外露，很会说话，我爱人只见过他一两次，竟能在十五六年以后，把他的名字冲口说出，足见他给人印象之深。

松年也是郑家支派。他十几岁就参加了抗日工作，原在冀中区的印刷厂，后调阜平《晋察冀日报》印刷厂工作。我俩人工作经历相仿，过去虽未见面，谈起来非常亲切。他已经脱离工作四五年了。他父亲多病,娶了一房年轻的继母,这位继母足智多谋,一定要儿子回家,这也许是为了儿子的安全着想,也许是为家庭的生产生活着想。最初,松年不答应,声言以抗日为重。继母遂即给他说好一门亲事,娶了过来,枕边私语,重于诏书。新媳妇的说服动员工作很见功效,松年在新婚之后,就没有回山地去,这在当时被叫作"脱鞋"——"妥协"或开小差。

时过境迁,松年和我谈起这些来,已经没有惭怍不安之情,同时,他也许有了什么人生观的依据和现实生活的体会吧,他对我的抗日战士的贫苦奔波的生活,竟时露嘲笑的神色。那时候,我既服装不整,夜晚睡在炕上,铺的盖的也只是破毡败絮。(因为房东不在家,把被面都搁藏起来,只是炕上扔着一些破被套,我就利用它们取暖。)而我还要自己去要米,自己烧饭,在他看来,岂不近于游僧的敛化,饥民的就食!在这种情况下面,我的好言相劝,他自然就听不进去,每当谈到"归队",他就借故推托,扬长而去。

有一天,他带我到他家里去。那也是一处地主规模的大宅院,但有些破落的景象。他把我带到他的洞房,我也看到了他那按年岁来说显得过于肥胖了一些的新妇。新妇看见我,从炕上溜下来出去了。因为曾经是老战友,我也不客气,就靠在那折叠得很整齐的新被垒上休息了一会儿。

房间裱糊得如同雪洞一般,阳光照在新糊的洒过桐油的窗纸上,明亮如同玻璃。一张张用红纸剪贴的各色花朵,都给人一种温柔之感。房间的陈设,没有一样不带新婚美满的气氛,更有一种脂粉的气味，在屋里弥漫……

　　柳宗元有言，流徙之人，不可在过于冷清之处久居，现在是，革命战士不可在温柔之乡久处。我忽然不安起来了。当然，这里没有冰天雪地，没有烈日当空，没有跋涉，没有饥饿，没有枪林弹雨，更没有入死出生。但是，它在消磨且已经消磨尽了一位青年人的斗志。我告辞出来，一个人又回到那冷屋子冷炕上去。

　　生活啊，你在朝着什么方向前进？你进行得坚定而又有充分的信心吗？

　　"有的。"好像有什么声音在回答我，我睡熟了。

　　在这个村庄里，我另外认识了一位文建会的负责人，他有些地方，很像我在《风云初记》里写到的变吉哥。

　　以上所记，都是十五六年前的旧事。一别此村，从未再去。有些老年人，恐怕已经安息在土壤里了吧，他们一生的得失，欢乐和痛苦，只能留在乡里的口碑上。一些青年人，恐怕早已生儿育女，生活大有变化，愿他们都很幸福。

一九六二年八月十三日夜记

唐官屯

虽然我在文章中,常常写到抗日战争和解放战争,实际上我并没有真正打过仗。我是一名文士,不是一名战士。我背过各式各样的小手枪,甚至背过盒子炮,但那都是装饰性的,为了好看。我没有放过一次枪,所以带上这种玩意儿,连自卫防身都说不上,有时还招祸。有一次离开队伍,一个人骑自行车走路,就因为腰里有一把撸子,差一点没被身后的歹人暗算。

所以说,我参加过战争,只是在战争的环境里,生活和工作过。或者说在战争的外围,战争的后方,转游了那么十多年。

一九四八年初夏,我亲临了一次前线。那是解放战争中,青沧战役的攻取唐官屯战斗。我在抗日胜利后,回到了冀中区。区党委在一次会议中,号召作家们上前线,别人都没应声,我报了名。这并非由于我特别勇敢,或是觉悟比别人高。是因为我脸皮薄,上级一提及作家,我首先沉不住气。

我从河间骑自行车到青县,在一个村庄找到了军部,那里有我在抗日战争时期认识的一位诗人,是军的宣传部长。他又介绍

我去找旅部,并把我送出村外,走了很远。他对我说:

"你没有打过仗,到那里又没有熟人,自己要特别注意。打起仗来,别人照顾不了你。"

他说得很恳切真诚,使我一直记得他当时的严肃神情和拳拳之意。

我到了旅部,旅政治部,有我在抗战学院时一个学生。这位学生,曾跟我在一个剧团里拉过胡琴。他向要去参加战斗的宣传科王科长介绍了我,要他在前方关照我。

第二天下午,王科长带着我参加了进攻唐官屯的战士行列。在路上,遇到一位也是来体验生活的同志,据说是茅盾的女婿,我和他一前一后走着。他牺牲在这次战斗里。

战斗开始后,王科长和我在唐官屯附近一个菜园里,菜园里有一间土屋,架有指挥部的电话。当战斗进行了十几分钟的时候,王科长带我去过河。河对岸的敌人碉堡,已经被摧毁。我不知道,战士们怎样过的河,很可能是涉水过去的。我们却要在河边等待撑过来的一只大笸箩。我看到河边有几具战士的尸体,被帆布掩盖起来。这时有一发炮弹落到河边,我在沙地上翻滚了几下,然后上到笸箩里,到了对岸。

到了对岸,天已经黑下来,王科长带我进了街。街的那一头还在战斗,他把我安置在一家店铺,就到前面做他的工作去了。

我一个人在店铺黑洞洞的屋里,整整坐了一夜,听着稀稀拉拉的枪炮声。黎明时,王科长才回来,他告诉我已经开仓济贫,叫我去看看市民们领取粮食的场面。

不到中午，这次战争就算胜利结束了，我们来时过的那条河上，已经搭起了浮桥，我从上面走了回来。

在这次战斗中，我没有得到什么战利品，反倒丢失了一条皮带，还有原来挂在皮带上的一只小洋瓷碗，和一件毛背心。毛背心是用我年幼时一条大围巾，请一位女同志改织而成。这可能是遇到炮击时，我滚爬时失落的，也可能是丢在那家店铺里了。

直到现在，我还常常想起那位王科长。他高高的个儿，瘦瘦的脸上，流露着沉着机敏的神情。对我的负责照料，那就更不用说了。

关于这次到前线，我只是写了一篇简短的报导。

当然，没有打过仗的人，也可以把战争写得很生动很热闹，就像舞台上的武打一样，虽然绝对不是古代战争的真相，却能按照程式演得火炽非常。但我从来不敢吹牛，我在这方面有多少感受。因为我太缺乏战斗经验了。

两年以后，当我搬家来天津的时候，一天夜晚，全家人宿在唐官屯村头一家破败的大车店里。我又见到了那条河，想起了那用大帆布蒙盖着的战士尸体。但天色已经很暗，远处的景物，就都看不清楚了。说实在的，那时我正在为一家七口人的生活、衣食操劳焦心，再没有心情去详细回忆既往，观察目前。我甚至没有兴致向家人提说，过去我曾经跟着军队，在这里打过仗，差一点没有炸死在河边上。第二天黎明，就又登程赶路了。

一九八四年五月二日

往事追怀

童年漫忆

听说书

我的故乡的原始住户,据说是山西的移民,我幼小的时候,曾在去过山西的人家,见过那个移民旧址的照片,上面有一株老槐树,这就是我们祖先最早的住处。

我的家乡离山西省是很远的,但在我们那一条街上,就有好几户人家,以长年去山西做小生意,维持一家人的生活,而且一直传下好几辈。他们多是挑货郎担,春节也不回家,因为那正是生意兴隆的季节。他们回到家来,我记得常常是在夏秋忙季。他们到家以后,就到地里干活,总是叫他们的女人,挨户送一些小玩艺或是蚕豆给孩子们,所以我的印象很深。

其中有一个人,我叫他德胜大伯,那时他有四十岁上下。每年回来,如果是夏秋之间农活稍闲的时候,我们一条街上的人,吃过晚饭,坐在碾盘旁边去乘凉。一家大梢门两旁,有两个柳木门墩,德胜大伯常常被人们推请坐在一个门墩上面,给人们讲说评书，另一个门墩上，照例是坐一位年纪大辈数高的人，和他对称。我记得他在这里讲过《七侠五义》等故事，他讲得真好，就像一个专业艺人一样。

他并不识字，这我是记得很清楚的。他常年在外，他家的大娘，因为身材高，我们都叫她"大个儿大妈"。她每天挎着一个大柳条篮子，敲着小铜锣卖烧饼馃子。德胜大伯回来，有时帮她记记账，他把高粱的茎秆，截成笔帽那么长，用绳穿结起来，横挂在炕头的墙壁上，这就叫"账码"，谁赊多少谁还多少，他就站在炕上，用手推拨那些茎秆儿，很有些结绳而治的味道。

他对评书记得很清楚，讲得也很熟练，我想他也不是花钱到娱乐场所听来的。他在山西做生意，长年住在小旅店里，同住的人，干什么的也有，夜晚没事，也许就请会说评书的人，免费说两段，为长年旅行在外的人们消愁解闷，日子长了，他就记住了全部。

他可能也说过一些山西人的风俗习惯，因为我年岁小，对这些没兴趣，都忘记了。

德胜大伯在做小买卖途中，遇到瘟疫，死在外地的荒村小店里。他留下一个独生子叫铁锤。前几年，我回家乡，见到铁锤，一家人住在高爽的新房里，屋里陈设，在全村也是最讲究的。他心灵手巧，能做木工，并且能在玻璃片上画花鸟和山水，大受远近要结婚的青年农民的欢迎。他在公社担任会计，算法精通。

德胜大伯说的是评书，也叫平话，就是只凭演说，不加伴奏。在乡村，麦秋过后，还常有职业性的说书人，来到街头。其实，他们也多半是业余的，或是半职业性的。他们说唱完了以后，有的由经管人给他们敛些新打下的粮食；有的是自己兼做小买卖，比如卖针，在他说唱中间，由一个管事人，在妇女群中，给他卖完那一部分针就是了。这一种人，多是说快书，即不用弦子，只用鼓板。骑着一辆自行车，车后座做鼓架。他们不说整本，只说小段。卖完针，就又到别的村庄去了。

一年秋后，村里来了弟兄三个人，推着一车羊毛，说是会说书，兼有擀毡条的手艺。第一天晚上，就在街头说了起来，老大弹弦，老二说《呼家将》，真正的西河大鼓，韵调很好。村里一些老年的书迷，大为赞赏。第二天就去给他们张罗生意，挨家挨户去动员：擀毡条。

他们在村里住了三四个月，每天夜晚说《呼家将》。冬天天冷，就把书场移到一家茶馆的大房子里。有时老二回老家运羊毛，就由老三代说，但人们对他的评价不高，另外，他也不会说《呼家将》。

眼看就要过年了，呼延庆的擂还没打成。每天晚上预告，明天就可以打擂了，第二天晚上，书中又出了岔子，还是打不成。人们盼呀，盼呀，大人孩子都在盼。村里娶儿聘妇要擀毡条的主，也差不多都擀了，几个老书迷，还在四处动员：

"擀一条吧，冬天铺在炕上多暖和呀！再说，你不擀毡条，呼延庆也打不了擂呀！"

直到腊月二十老几，弟兄三个看着这村里实在也没有生意可做了，才结束了《呼家将》。他们这部长篇，如果整理出版，我想一定也有两块大砖头那么厚吧。

第一个借给我《红楼梦》的人

  我第一次读《红楼梦》，是十岁左右还在村里上小学的时候。我先在西头刘家，借到一部《封神演义》，读完了，又到东头刘家借了这部书。东西头刘家都是以屠宰为业，是一姓一家。刘姓在我们村里是仅次于我们姓的大户，其实也不过七八家，因为这是一个很小的村庄。

  从我能记忆起，我们村里有书的人家，几乎没有。刘家能有一些书，是因为他们所经营的近似一种商业。农民读书的很少，更不愿花钱去买这些"闲书"。那时，我只能在庙会上看到书，书摊小贩支架上几块木板，摆上一些石印的，花纸或花布套的，字体非常细小，纸张非常粗黑的《三字经》、《玉匣记》，唱本、小说。这些书可以说是最普及的廉价本子，但要买一部小说，恐怕也要花费一两天的食用之需。因此，我的家境虽然富裕一些，也不能随便购买。我那时上学念的课本，有的还是母亲求人抄写的。

  东头刘家有兄弟四人，三个在少年时期就被生活所迫，下了关东。其中老二一直没有回过家，生死存亡不知。老三回过一次家，还是不能生活，只在家过了一个年，就又走了，听说他在关东，从事的是一种非常危险的勾当。

  家里只留下老大，他娶了一房童养媳妇，算是成了家。他的女人，个儿不高，但长得颇为端正俊俏，又喜欢说笑，人缘很好，家里长年设着一个小牌局，抽些油头，补助家用。男的还是从事屠宰，但已经买不起大牲口，只能剥个山羊什么的。

老四在将近中年时，从关东回来了，但什么也没有带回来。这人长得高高的个子，穿着黑布长衫，走起路来，"蛇摇担晃"。他这种走路的姿势，常常引起家长们对孩子的告诫，说这种走法没有根柢，所以他会吃不上饭。

他叫四喜，论乡亲辈，我叫他四喜叔。我对他的印象很好。他从东头到西头，扬长地走在大街上，说句笑话儿，惹得他那些嫂子辈的人，骂他"贼兔子"，他就越发高兴起来。他对孩子们尤其和气。有时，坐在他家那旷荡的院子里，拉着板胡，唱一段清扬悦耳的梆子，我们听起来很是入迷。他知道我好看书，就把他的一部《金玉缘》借给了我。

哥哥嫂子，当然对他并不欢迎，在家里，他已经无事可为，每逢集市，他就夹上他那把锋利明亮的切肉刀，去帮人家卖肉。他站在肉车子旁边，那把刀，在他手中熟练而敏捷地摇动着，那煮熟的牛肉、马肉或是驴肉，切出来是那样薄，就像木匠手下的刨花一样，飞起来并且有规律地落在那圆形的厚而又大的肉案边缘，这样，他在给顾客装进烧饼的时候，既出色又非常方便。他是远近知名的"飞刀刘四"。现在是英雄落魄，暂时又有用武之地。在他从事这种工作的时候，你可以看到，他高大的身材，在一层层顾客的包围下，顾盼神飞，谈笑自若。可以想到，如果一个人，能永远在这样一种状态中存在，岂不是很有意义，也很光荣？

等到集市散了,天也渐渐晚了,主人请他到饭铺吃一顿饱饭,还喝了一些酒。他就又夹着他那把刀回家去。集市离我们村只有三里路。在路上,他有些醉了,走起来,摇晃得更厉害了。

对面来了一辆自行车。他忽然对着人家喊:

"下来!"

"下来干什么?"骑自行车的人,认得他。

"把车子给我!"

"给你干什么?"

"不给,我砍了你!"他把刀一扬。

骑车子的人回头就走,绕了一个圈子,到集市上的派出所报了案。

他若无其事地回到家里,也许把路上的事忘记了。当晚睡得很香甜。第二天早晨,就被捉到县城里去。

那时正是冬季,农村很动乱,每天夜里,绑票的枪声,就像大年五更的鞭炮。专员正责成县长加强治安,县长不分青红皂白,就把他枪毙,作为成绩向上级报告了。他家里的人没有去营救,也不去收尸。一个人就这样完结了。

他那部《金玉缘》,当然也就没有了下落。看起来,是生活决定着他的命运,而不是书。而在我的童年时代,是和小小的书本同时,痛苦地看到了严酷的生活本身。

一九七八年春天

新春怀旧

东宁姨母

昨晚看电视,"神州风采"节目,介绍东北边陲小城东宁县。这个地名,我从小就知道。但究竟在哪里?离我的家乡到底有多远?是个什么地方,什么样子?我全都茫然。我细心地观看了电视上的介绍,感到在那熙熙攘攘的人流中,一定有我二姨母家的后代子孙。

外祖父家很贫苦,二姨母嫁给北黄城杜姓。姨父结婚不久,就下了关东。姨母生下一个男孩,叫书田,婆家不好住,姨母就带着孩子,住在娘家,有时住在我家,寄人篱下,生活很苦。这样一直到书田表哥十来岁上,姨父才来信,叫她到东北去,就是东宁县。

姨母在我家住时,常给我讲故事。她博通戏文,记忆力也很好。另外,她曾送给我二十四个铜钱,说上面的字,连起来是一首诗。我也忘记是些什么铜钱,当姨母启程时,母亲对我说,这些铜钱可以镇邪，乘车车不翻，乘舟舟不漏，叫我还给姨母了。

姨母到了东北以后，母亲常叫我给姨母写信。有一次我把省份弄错了，镇上的邮政代办所叫另写，母亲知道后，狠狠骂了我一顿，说我白念了书。一个小镇的代办人员，能对东宁这个边远小县，记得如此清楚，可见当年我们那一带，有多少人流浪在那里，有多少信件往来了。

姨母到了那里，又生了一个男孩，取名东转。听母亲说，姨父原来不务正业，下关东后，原先在赌场，给人家"跑合"。姨母去了以后，才回心转意，往正道上奔。加上姨母很能干，这样每年可以积攒一些钱，寄到我家，代买了几亩地。先由我家代种，后改由三姨母家代种。

书田表哥也大了，在东宁县开了一个小杂货店，我常常见到他写给我父亲的信，每次都通报那里粮食的价格。

东转表弟，不大安分。日军侵占东北以后，他当了伪军。"五一大扫荡"时，家乡传说他曾到冀中，但谁也没有亲眼见过他。

全国解放以后，书田表哥不知怎么弄到一本我写的小说，他给我写信说，已告知姨母，并说"这是一段佳话"。

"文革"时，我在报社大院劳动，书田哥的一个儿子来看我，在院里说了几句话，知道姨母早已去世，书田哥的老伴也故去了。小杂货铺已关闭，书田哥现在一家饭馆当会计。

后来，我的工资恢复，我的老伴也死去，很是苦闷孤独，思念远亲，我给书田哥寄去三十元钱，想换回些同情和安慰。没想到，他来了封回信，问起他家那几亩地，有些和我算账的意思。我真有些不愉快了。他老糊涂了，连老区的土改都不知道。后来，我没有再给他写过信。他也早已去世了。

从电视上，我知道东宁是中国、俄国、朝鲜，多民族聚居的地方，看起来，是很繁华热闹的。我幼年时，除去东宁，还知道一个地名叫黑河，是我大舅父去过的地方，前些日子，"神州风采"节目中，也介绍过。

那时人们想赚钱，都往东北跑，现在是奔东南。都是在春节过后，告别故乡。过去是背着简单的行李，徒步赶路。现在是携家带口，挤上火车。

一九九二年二月二十三日

同乡鲁君

抗战前，我有一个既是同乡又是同学的朋友，他姓鲁。他的家，离我们村十几里地，每年春节，他都骑车到我家拜年，一见我母亲就问："伯母好！"这在今天，本是一句普通话，但在那时的农村，却显得特别文明、洋气。所以我的乡下老伴，一直记得，还有时模仿他的鞠躬动作。

旧社会，封建观念重，中学里也有同乡会。都是高年级的学生主持。我升到高中时，也担任这种角色。鲁比我小三岁，把我看作兄长。

七七事变，有办法和有钱的学生，纷纷南逃，鲁有一个做官的伯父，也南下了。我没有办法，也没有钱，就在本地参加抗日工作。

从那时起，一直到前年，没有鲁的音讯，我总以为他到了台湾。忽然有一天，出版社转来一封他写给我的信，才知道他在重庆当教授，并创办了一所大学。现已退休。

从此就书信不断，听说我心脏不好，他给我寄红参，又寄人参。去年到北京开会，又专门来看我一次，住了一夜。我记得，我们是六十年不见了。他说是五十六年。他是学数学的，是测绘专家，当然记得准确。

这些年我很少招待亲朋。他以前表示要来，我也没有做过积极的反应。我以为少年之交，如同朝霞。多年不见，风轻云淡，经历不同，性格各异，最好以通信方式，保持友谊，不一定聚会多谈。实际上，在通过几次信件以后，各人的大体情况，都互相知道得差不多了，见面之后，也不一定有多少话好说。

但像鲁这样的朋友，他要来，我是不好拒绝的，也是希望见见的。因为这不只是多年不见，也恐怕是最后一面了。我珍惜我们少年时的友谊。

他是中午打电话来，告诉我到天津的时间的。整个下午，我都在紧张，一听见楼梯响，就开门看看。但直到六点，他还没有来。做饭的人，到时要下班，我只好先吃饭。刚拿起筷子，他就来了。

他是下了火车，坐公共汽车来的，身上还带着很多雪花。这使我很过意不去。我原想他会租一辆车来的。

我们一起，吃了一顿便饭。

晚上，我破例陪他说了很长时间的话，都是重复在信上说过的话。一边说话，少年时天真相聚的景象，一边在我脑子里闪现，越发增加了我伤逝的惆怅情绪。

我不愿重会多年不见的朋友，还有一个原因。就是相互之间的隔膜和不了解。人家以为我参加工作早，老干部，生活条件一定如何好，办法一定如何多。其实完全不是那么回子事。一见面会使老朋友失望，甚至伤心。

好在鲁的性格还没有变，还是那样乐观。能够体谅我，也敢于规劝我。他会中医，给我诊了脉，说心脏没有大问题。第二天，又帮做饭和包饺子，细细了解了我的生活习性和现状。他放心了。

在此以前，我把我所写的书，全寄给他了。这次来，知道他在练字，又没有好字帖，又送给他一部北京日报社印的，《三希堂字帖》四厚册，书是全新的，也太笨重，我已无力给他包裹，他自己捆了捆，手也不好用了。看来他很喜欢。

他对我说，我高中毕业时，把所有的英文书籍：《莎氏乐府本事》、《泰西五十轶事》、《林肯传》，都留给了他。又说，他从来不看小说，在他主办的大学里，图书馆也不买文艺书。但我的书，他都读了，主要是从中了解我的生活和经历。

我也想起不少往事。我曾经向他家要过一对大白鹅，鲁特意叫人给我送到家里。他家深宅大院，养鹅可以，我家是农舍小院，养这个并不适宜。我年轻好事，养在场院里，鹅仰头一叫，声震四邻。抗日期间,根据地打狗,家里怕惹事,就把鹅宰了。这是妻子后来告诉我的。

走时,我叫儿子借了一辆车,送他到车站,并扶他上了火车。

一九九二年二月二十六日

装书小记

—— 关于《子夜》的回忆

最近,《人民文学》编辑部,赠送我一本新版的《子夜》,我就利用原来的纸封,给它包上新的书皮。这是童年读书时期养成的一种爱护书籍的习惯,一直没有改,遇到心爱的书,总得先把它保护好,然后才看着舒适放心。

前几年,当我的书籍发还以后,我发见其中现代和当代文艺作品,《辞源》和各种大辞典全部不见了,这是可以理解的。而有关书目的书,也全部丢失,这就使我颇为奇怪。难道在执事诸公中间,竟有人发思古之幽情,对这门冷僻的学科,忽然发生了学习的兴趣,想借此机会加以研究和探讨吗?据一位当事人员对我说:你是书籍的大户,所以还能保留下这么多。那些零星小户,想找回一本也困难了。

对这些残存的书,我差不多无例外地给它们包裹了新装,也是利用一些旧封套,这种工作,几乎持续了两年之久。因为书籍在外播迁日久,不只蒙受了风尘,而且因为搬来运去,大部分也损伤了肌体。把它们修整修整,换件新衣,也是纪念它们经历一番风雨之后,面貌一新的意思。

每逢我坐在桌子前面,包裹书籍的时候,我的心情是非常平静,很是愉快的。一个女同志曾说,看见我专心致志地修补破书的样子,就和她织毛活、补旧衣一样,确实是很好的休息脑子的工作。

是这样。我对书有一种强烈的,长期积累的,职业性的爱好。一接触书,我把一切都会忘记,把它弄得整整齐齐,干干净净,我觉得是至上的愉快。现在,面对的是久别重逢的旧友,虽然也有石兄久违之叹,苦无绛芸警辟之辞,只是包书皮而已。

至于《子夜》,我原来有一本初版本。这是在三十年代初很不容易才得到的。《子夜》的出版,是中国革命文坛上的一件大事。鲁迅先生很为这一重大收获高兴,在他的书信集中,我们可以看到,他当时写信给远在苏联的朋友说:我们有《子夜》,他们写不出。我们,是指左联;他们,是指国民党御用文人。

当时,我正在念高中,多么想得到这本书。先在图书馆借来看了,然后把读书心得写成一篇文章,投稿给开明书店办的《中学生》杂志。文章被采用了,登在年终增刊上,给了我二元钱的书券,正好,我就用这钱,向开明书店买了一本《子夜》。书是花布面黄色道林纸精装本,可以想象我是多么珍惜它。

越是珍惜的东西,越是容易失去。我的书,在抗日战争期间,全部损失。敌人对游击区的政策是"三光",何况是书!这且不去谈它。有些书,却是家人因为怕它招灾惹祸——可以死人,拿它来烧火做饭了。

胜利以后，我曾问过我的妻子：你拿我的书烧火，就不心疼吗？

她说：怎么不心疼？一是你心爱的东西；二是省吃俭用拿钱买来的。我把它们堆在灶火膛前，挑挑拣拣舍不得烧。但一想到上次被日本人发现的危险情景，就合眉闭眼把它扔进火里去了。有些书是布皮，我就撕下来，零碎用了。

我从她的谈话中，明白了《子夜》可能遭到的下场。

人类发明了文字，有了书籍以来，无论是策、札、纸、帛，抄写或印刷，书籍在赋予人类以知识与智慧的同时，它自己也不断遭遇着兴亡、成败、荣辱、聚散、存在或消失的两种极其相反的命运。但好的，对人类有用的书，是不会消灭的，总会流传下来，这是书籍的一种特殊天赋。

我初读《子夜》的时候，保定这个北方的古老城市，好像时时刻刻都在预报着时代的暴风雨。圣洁的祖国土地，已经遭受了日本帝国主义的两次凌暴，即"九一八"事变和"一二八"事变。革命的书籍——新兴社会科学和十月革命以后的文学，在大大小小的书店里，无所顾忌地陈列着，有的就摆在街头地下出卖，非常齐全，价格便宜。在这一时期，我生吞活剥地读了几种马列主义的经典著作，初步得到了一些辩证法和唯物主义的知识。

二十年代和三十年代的交接期，是革命思想大传播的时代，茅盾同志创作《子夜》，也是在这种潮流下，想用社会分析的方法，反映中国社会的经济结构、阶级关系和阶级斗争，并力图以这部小说来推动这个伟大的潮流。我从这个想法出发，写了那篇读后感，文章很短。

在那一时期，假的马克思主义，即挂羊头卖狗肉的书籍也不少，青年人一时难以辨认，常常受骗上当。有些杂志，不只名字引人，封面都是深红色的，显得非常革命，里面马列主义的引文也不少，但实际上是反马列主义的，这是后来经鲁迅先生指出，我才得明白的。

但青年学生也究竟从马列主义的原著，从一些真正革命的作家那里，初步获得了正确的革命观点，运用到他们的创作和行动之中。

一九七八年春天

小同窗

现在还能保持联系的,少年时代的同学,就只有李一个人了。

我们十四岁时,在保定育德中学同班。后来我休学一年,关系还是很好。

李,蠡县人,长得漂亮,性格温和,我好和这样的人交朋友。

他毕业以后,考入北平大学的法商学院。我初中毕业,进入了本校新成立的高中。

那时的青年人,都喜欢阅读马列主义的书籍。我除去文艺理论,还喜欢看社会科学方面的书。上海神州国光社,出版一种读书杂志,由王礼锡、陆晶清主编,连续出版了三期对于中国社会史的论战专号,我很有兴趣。我家境不好,没有多少钱买闲书。有两期,是李买了寄给我的,并写信告诉我:虽然每篇文章,都标榜唯物史观,有些人的论点是错误的。又说,刘仁静的文章是比较好的。使我对这位同学的政治学识,更进一步地佩服了。

高中毕业以后,经历了"九一八"、"一二八"的民族灾难,我在北平市政机关,当一名小职员。有一天,收到李从监狱寄来的一封信，告诉我他近日遭遇。我胆小，没有到过这些地方，约了一位姓黄的同学，一同去看他。

在一个小小的窗口，和他谈了几句话。我看到他的衣服很脏。他平日是最讲究穿着的。我心里很难过，他也几乎流下了泪。

他交给我一卷稿子，是他写的小说，希望我们找个地方发表。我带回住处，自己写的东西，都没有出路，往哪里去投呢？不久，我失业了，把稿子带回乡下家里。后来，我好像从一本刊物上，看到过这篇作品，可能他又交给了另一个人。

少年时的同学，在感情上，真有点亲如骨肉，情同手足的味道。他虽然没有到过我的家中，我的母亲、妻子和住在我家的表姐，都知道他的名字。

一九三七年，他从监狱里出来，就参加抗日工作。人民自卫军驻在安国县时，他住在我父亲的店铺里。因为有他，我出来抗日，父亲的疑虑就减少了。我是独生子。

不久，自卫军转移到我的家乡安平县，那时他是民运部长，各县的动员会，都归他领导。

有外地的一个香火头子，在我们村庄弄神弄鬼，我的堂弟也混在里面。我对他说了这件事。他说，这和民运有关。第二天，就有几个旧衙役，来到我们村庄，制止了迷信活动。乡下人很怕官差，有几个头面人物，出来应酬。衙役却不吃不喝，讲明道理就走了，老年人都说，从来也没见过，官事这样好应付的。

一九四〇年，他到延安去了。过了几年，我也到了延安。他同一位医生结了婚。到鲁艺看我，总是带上一本粉连纸印的军政杂志。他知道我好吸烟，延安的卷烟纸，是很难买到的。

建国以后，他先是当中南局的组织部副部长，后当中宣部的秘书长。很快就要提拔为副部长了，因为替一个作家，说了几句话，一下成为右派。先是下放劳动，后来就流放到新疆石河子去了。

临行前，他到天津来了一趟。我给他一些钱作为路费。另外送他两部书：一是《纪氏五种》其中有关于新疆的笔记。一是《聊斋志异》，为想叫他读来解闷的。他说，"聊斋，你留着看吧。"

平反以后，他当了中纪委的常委。他的照片，和国家领导人排列在一起。我也感到光荣，对人说：

"官儿，李做得够大了。这在过去，就是左都御史！"

他到天津公干，来到我家。车是天津纪委的。他说，如果在我这里吃饭，请把司机招待一下。我虽然在心里怪他：你这官儿做得太窝囊了。比你小得多的人物，从北京来，都有自己的专车。还是满口答应了。那一顿饭，我只是应酬司机，也没有很好照顾他。

饭后，他和我闲谈了一会儿。我向他发牢骚，说社会风气如此，我真想找个地方隐遁去了。他没有批评我，只是笑了笑，说：

"哪里也是一样。"

回想一下，相交这么多年，我并没有多少机会，同他天南海北畅谈过，更没有酒肉的征逐。但我从少年时就信赖他，后来，更深深体会到，他真正关心我。

五十年代，我病了以后，住医院，住疗养院，都是他帮助安排的，使我得到了极其优越的待遇。他并私下里询问天津的熟人，我的病是怎样得的。被询问的人说，是因为夫妻不和，他就说，那样就不必叫他爱人来看他了。后来又听人说，我和妻子感情很好，他又笑着说，那就叫她常常来看看他吧。

七十年代，老伴去世，我又结了一次婚。他同这位女同志见过一次。不多几年，又闹纠纷，提出离异。他知道以后，很关心，几次征求我的意见，要给女方写信，挽回这件事。我说，人家已经把东西拉走了。他说，拉走东西，并不证明就不能挽救。我还是没让他写。

"文化大革命"，他备受折磨。那时他还没有得到平反，是到北京来办事的，却有心情给别人撮合。

最使我想起来感动，也惭愧的，是他对我的体谅。有一次，他到天津，下了火车就来看我，天已经黑了。他是想住在我这里的，他知道我孤僻，就试探着问：

"你就一个人睡在这里吧？"

我说是，却没有留他住下。他只好又住到他哥哥那里去了。

如果是别人，遇见这样不近人情的事，一定绝交了，他并不见怪。

忘记是哪一次，他又谈起文艺界的事。我说：

"你不要管这些人的事了，你又不了解他们。一次亏，还没吃够呀！"

他也只是笑了笑。我想，他做组织工作惯了，总是关心别人的处境。

十三大闭幕的那天晚上,我听广播,中纪委的名单上,没有他。这是因为年岁,退下来了。我想给他写封信,又一想,他会给我来信的。昨天,收到了他的信。看意思,是要写点东西了,我马上回信鼓励。

一九八七年十一月二十日下午

老 同 学

赵县邢君,是我在保定育德中学上高中时的同班同学。当时,他是从外地中学考入,我是从本校初中毕业后,直接升入的。他的字写得工整,古文底子很好,为人和善。高中二年同窗,我们感情不错。

毕业后,他考入北京大学中文系,我则因为家贫,无力升学,在北平流浪着。我们还是时有过从,旧谊未断。为了找个职业,他曾陪我去找过中学时的一位国文老师。事情没有办成,我就胡乱写一些稿子,投给北平、天津一些报纸。文章登不出来,我向他借过五元钱。后来,实在混不下去,我就回老家去了。

他家境虽较我富裕,也是在求学时期。他曾写信给我,说他心爱的二胡,不慎摔碎了,想再买一把,手下又没钱。意思是叫我还账。我回信说,我实在没钱,最近又投寄一些稿件,请他星期日到北京图书馆,去翻翻近来的报纸,看看有登出来的没有。如果有,我的债就有希望还了。

他整整用了半天时间，在图书馆翻看近一个月的平津报纸，回信说：没有发现一篇我的文章。

这些三十年代初期的往事，可以看出我们那时都是青年人，有热情，但不经事，有一些天真的想法和做法。

从此以后，我们就没有再见过面，那五元钱的债，也一直没得偿还。

前年春夏之交，忽然接到这位老同学的信，知道他已经退休，回到本县，帮助编纂地方志。他走过的是另一条路：大学毕业后，就在国民党政权下做事。目前处境不太好，又是孤身一人。

我叫孩子给他寄去二百元钱，也有点还债的意思。这是解决不了多少问题的。我又想给他介绍一些事做，也一时没有结果。最后，我劝他写一点稿子。

因为他曾经在旧中华戏曲学校任过职。先写了一组谈戏的文章寄来。我介绍给天津的一家报纸，只选用了两篇。当时谈京剧的文章很多，有些材料是重复了。

看来投稿不顺利，他兴趣不高，我也有点失望。后来一想：老同学有学识，有经历，文字更没问题，是科班出身。可能就是没有投过稿，摸不清报纸副刊的脾气，因此投中率不高。而我给报纸投稿，不是自卖自夸，已有半个世纪以上的历史，何不给他出些主意，以求改进呢？从报上看到钱穆教授在台湾逝世，我就赶紧给老同学写信，请他写一篇回忆文字寄来，因为他在北大听过钱的课。

这篇文章，我介绍给一家晚报，很快就登出来了。老同学兴趣高涨，接连寄来一些历史方面的稿件，这家报纸都很快刊登。编辑同志并向我称赞作者笔下干净，在目前实属难得。

这样，一个月能有几篇文章发表，既可使他老有所为，生活也不无小补，我心中是非常高兴的。每逢把老同学的稿子交到报社，我便计算时日，等候刊出。刊出以后，我必重读一遍，看看题目有无变动，文字有无修改。

这也是一种报偿，报偿三十年代，老同学到北京图书馆，为我查阅报纸的劳绩。不过，这次并不是使人失望，而是充满喜悦，充满希望的。老同学很快就成为这家报纸的经常撰稿人了。

老同学在旧官场，混了十几年，路途也是很坎坷的，过去，恐怕从没有想过投稿这件事。现在，踏入这个新门槛，也会耕之耘之，自得其乐的吧。

芸斋曰：余之大部作品，最早均发表在报纸副刊。晚年尤甚，所作难登大雅之堂，亦无心与人争锋争俏，遂不再向大刊物投稿，专供各地报纸副刊。

朋友或有不解，以为如此做法，有些自轻趋下。余以为不然。向报纸投稿，其利有三：一为发表快；二为读者面广；三为防止文章拉长。况余初起步时，即视副刊为圣地，高不可攀，以文章能被采用为快事、幸事！至老不疲，亦完其初衷，示不忘本之意也。惟投稿副刊，必有三注意：一、了解编辑之立场、趣味；二、不触时忌而能稍砭时弊；三、文字要短小精悍而略具幽默感。书此，以供有志于进军副刊者参考。鲁迅文学事业，起于晨报副刊，迄于申报副刊，及至卧床不起，仍呼家人"拿眼镜来，拿报纸来！"此先贤之行谊，吾辈所应借鉴者也。

一九九〇年十一月十二日

记 秀 容

一九四八年春夏两季,我在饶阳县大官亭村,"掌握"土改工作。那时土改已到末期,就是分浮财和动员参军了。我住在贫农团,睡在原是一间油坊,现在是浮财保管室里。也不再吃派饭,这里有几个人的伙食。

村里有一所小学,就在附近。晚上,贫农团开会,就在小学的课室。课室旁边,是教员们的厨房,和女老师的宿舍。

差不多每天晚上,我都要到小学"主持"会议。会议很琐碎,一开就是半夜。我和小学的老师们都熟了,他们知道我也是一个"文化人",对我很亲热,校长尤其老练厚道。

大官亭有集市,每逢集日,老师们改善伙食,校长也总是把我叫去,解解馋。

饭桌就放在小学的院子里。饭也无非是肉菜和馒头。坐下以后,校长总是喊:"秀容,你给孙同志盛一碗!"

秀容是他们中间惟一的女老师。说是老师,其实比学生大不了多少。这位年轻的女老师,一边用甜脆的声音答应着,一边就小心翼翼地端上一碗非常丰富的菜来。校长又加一句：

"大方点，不要羞羞惭惭的。"

秀容很大方，脸都不红一下，微笑着把碗递给我。

有时候，吃完饭还有些余兴，就是由一位老师拉胡琴，我唱两段京戏。

一九四九年，进天津不久，一天中午，我在多伦道一家回民饭馆门口，遇见了秀容。她调来天津，在百货批发站工作，也住多伦道。我告诉她我的地址，第二天上午，她就到报社的小楼上来看我，还带了一包花生米。一直谈到我的大女儿来唤我吃饭，她才走了。

一九六〇年困难期间，我在家里养病，她又带了半斤点心来看我，使我很感动，几乎流下泪来。好像还作过一首诗，现在却找不到，可能是"文化大革命"时烧了。

自从我迁居，离得远了，见面就少了。今年春节，大女儿把她领进屋里。她带了一桶西洋参乳精，说："你喝一点。"

她已经满头白发，牙齿也掉了几个。我问她多大岁数了。她说六十四。我回想进城时，她该是十八岁。她现在家里，看着三个孙女，都是四岁上下。她说：

"她们不打架。我给她们讲故事，念诗。"

她知道我大病初愈，坐了不久，就站起来，要单独和我女儿说话去。

我送她，实际是她扶着我走到门口。

她对我女儿说：

"你父亲年轻时,好唱京戏。进城以后,就从来没听见他唱过。可能是没有我那位同事,给他拉胡琴了。"

关于秀容,认识多年,我总觉得曾经写过她,今天遍查文集,却找不到一个字,不知何故。

一九九五年二月四日上午

服装的故事

我远不是什么纨袴子弟,但靠着勤劳的母亲纺线织布,粗布棉衣,到时总有的。深感到布匹的艰难,是在抗战时参加革命以后。

一九三九年春天,我从冀中平原到阜平一带山区,那里因为不能种植棉花,布匹很缺。过了夏季,渐渐秋凉,我们什么装备也还没有。我从冀中背来一件夹袍,同来的一位同志多才多艺,他从老乡那里借来一把剪刀,把它裁开,缝成两条夹裤,铺在没有席子的土炕上。这使我第一次感到布匹的难得和可贵。

那时我在新成立的晋察冀通讯社工作。冬季,我被派往雁北地区采访。雁北地区,就是雁门关以北的地区,是冰天雪地,大雁也不往那儿飞的地方。我穿的是一身粗布棉袄裤,我身材高,脚腕和手腕,都有很大部位暴露在外面。每天清早在大山脚下集合,寒风凛冽。有一天在部队出发时,一同采访的一位同志把他从冀中带来的一件日本军队的黄呢大衣,在风地里脱下来,给我穿在身上。我第一次感到了战斗伙伴的关怀和温暖。

一九四一年冬天，我回到冀中，有同志送给我一件狗皮大衣筒子。军队夜间转移，远近狗叫，就会暴露自己。冀中区的群众，几天之内，就把所有的狗都打死了。我把皮子拿回家去，我的爱人，用她织染的黑粗布，给我做了一件短皮袄。因为狗皮太厚，做起来很吃力，有几次把她的手扎伤。我回路西的时候，就珍重地带它过了铁路。

一九四三年冬季，敌人在晋察冀边区"扫荡"了整整三个月。第二年开春，我刚刚从山西的繁峙一带回到阜平，就奉命整装待发去延安。当时，要领单衣，把棉衣换下。因为我去晚了，所有的男衣，已发完，只剩下带大襟的女衣，没有办法，领下来。这种单衣的颜色，是用土靛染的，非常鲜艳，在山地名叫"月白"。因是女衣，在宿舍换衣服时，我犹豫了，这穿在身上像话吗？

忽然有两个女学生进来——我那时在华北联大高中班教书。她们带着剪刀针线，立即把这件女衣的大襟撕下，缝成一个翻领，然后把对襟部位缝好，变成了一件非常时髦的大翻领钻头衬衫。她们看着我穿在身上，然后拍手笑笑走了，也不知道是赞美她们的手艺，还是嘲笑我的形象。

然后，我们就在枣树林里站队出发。

这一队人马，走在去往革命圣地延安的漫长而崎岖的路上，朝霞晚霞映在我们鲜艳的服装上。如果叫现在城市的人看到，一定要认为是奇装异服了。或者只看我的描写，以为我在有意歪曲、丑化八路军的形象。但那时山地群众并不以为怪，因为他们在村里村外常常看到穿这种便衣的工作人员。

路经盂县，正在那里下乡工作的一位同志，在一个要道口上迎接我，给我送行。初春，山地的清晨，草木之上，还有霜雪。显然他已经在那里等了很久，浓黑的鬓发上，也挂有一些白霜。他在我们行进的队伍旁边，和我握手告别，说了很简短的话。

应该补充，在我携带的行李中间，还有他的一件日本军用皮大衣，是他过去随军工作时，获得的战利品。在当时，这是很难得的东西，大衣做得坚实讲究：皮领，雨布面，上身是丝绵，下身是羊皮，袖子是长毛绒。羊皮之上，还带着敌人的血迹。原来坚壁在房东家里，这次出发前，我考虑到延安天气冷，去找我那件皮衣，找不到，就把他的拿起来。

初夏，我们到绥德，休整了五天。我到山沟里洗了个澡。这是条向阳的山沟，小河的流水很温暖，水冲激着沙石，发出清越的声音。我躺在河中间一块平滑的大石板上，温柔的水，从我的头部胸部腿部流过去，细小的沙石常常冲到我的口中。我把女同学们给我做的衬衣，洗好晾在石头上，干了再穿。

我们队长到晋绥军区去联络，回来对我说：吕正操司令员要我到他那里去。一天上午，我就穿着这样一身服装，到了他那庄严的司令部。那件艰难携带了几千里路的大衣，到延安不久，就因为一次山洪暴发，同我所有的衣物，卷到延河里去了。

这次水灾以后，领导上给我发了新的装备，包括一套羊毛棉衣。这种棉衣当然不错，不过有个缺点，穿几天，里面的羊毛就往下坠，上半身成了夹的，下半身则非常臃肿。和我一同到延安去的一位同志，要随王震将军南下，他们发的是絮棉花的棉衣，他告诉我路过桥儿沟的时间，叫我披着我那件羊毛棉衣，在街口等他，当他在那里走过的时候，我们俩"走马换衣"，他把那件难得的真正棉衣换给了我。因为既是南下，越走天气越暖和的。

这年冬季，女同学们又把我的一条棉褥里的棉花取出来，把我的棉裤里的羊毛换进去，于是我又有了一条名副其实的棉裤。她们又给我打了一双羊毛线袜和一条很窄小的围巾，使我温暖愉快地过了这一个冬天。

这时，一位同志新从敌后到了延安，他身上穿的竟是我那件狗皮袄，说是另一位同志先穿了一阵，然后转送给他的。

一九四五年八月，日本投降，我们又从延安出发，我被派作前站，给女同志们赶了很长一段时间的毛驴。那些婴儿们，装在两个荆条筐里，挂在母亲们的两边。小毛驴一走一颠，母亲们的身体一摇一摆，孩子们像燕雏一样，从筐里探出头来，呼喊着，玩闹着，和母亲们爱抚的声音混在一起，震荡着漫长的欢乐的旅途。

冬季我们到了张家口，晋察冀的老同志们开会欢迎我们，穿戴都很整齐。一位同志看我还是只有一身粗布棉袄裤，就给我一些钱，叫我到小市去添补一些衣物。后来我回冀中，到了宣化，又从一位同志的床上，扯走一件日本军官的黄呢斗篷，走了整整十四天，到了老家，披着这件奇形怪状的衣服，与久别的家人见了面。这仅仅是记得起来的一些，至于战争年代里房东老大娘、大嫂、姐妹们为我做鞋做袜，缝缝补补，那就更是一时说不完了。

我们在和日本帝国主义、蒋帮作战的时候，穿的就是这样。

但比起上一代的老红军战士,我们的物质条件就算好得多了。

穿着这些单薄的衣服,我们奋勇向前。现在,那些刺骨的寒风,不再吹在我的身上,但仍然吹过我的心头。其中有雁门关外挟着冰雪的风,在冀中平原卷着黄沙的风,有延河两岸虽是严冬也有些温暖的风。我们穿着这些单薄的衣服,在冰冻石滑的山路上攀登,在深雪中滚爬,在激流中强渡。有时夜雾四塞,晨霜压身,但我们方向明确,太阳一出,歌声又起。

一九七七年十一月二十六日改完

报纸的故事

一九三五年的春季，我失业家居。在外面读书看报惯了，忽然想订一份报纸看看。这在当时确实近于一种幻想，因为我的村庄，非常小又非常偏僻，文化教育也很落后。例如村里虽然有一所小学校，历来就没有想到订一份报纸。村公所就更谈不上了。而且，我想要订的还不是一种小报，是想要订一份大报，当时有名的《大公报》。这种报纸，我们的县城，是否有人订阅，我不敢断言，但我敢说，我们这个区，即子文镇上是没人订阅过的。

我在北京住过，在保定学习过，都是看的《大公报》。现在我失业了，住在一个小村庄，我还想看这份报纸。我认为这是一份严肃的报纸，是一些有学问的，有事业心的，有责任感的人，编辑的报纸。至于当时也是北方出版的报纸，例如《益世报》、《庸报》，都是不学无术的失意政客们办的，我是不屑一顾的。

我认为《大公报》上的文章好。它的社论是有名的，我在中学时，老师经常选来给我们当课文讲。通讯也好，有长江等人写的地方通讯，还有赵望云的风俗画。最吸引我的还是它的副刊，它有一个文艺副刊，是沈从文编辑的，经常登载青年作家的小说和散文。还有小公园，还有艺术副刊。

说实在的，我是想在失业之时，给《大公报》投投稿，而投了稿子去，又看不到报纸，这是使人苦恼的。因此，我异想天开地想订一份《大公报》。

我首先，把这个意图和我结婚不久的妻子说了说。以下是我们的对话实录：

"我想订份报纸。"

"订那个干什么？"

"我在家里闲着很闷，想看看报。"

"你去订吧。"

"我没有钱。"

"要多少钱？"

"订一月，要三块钱。"

"啊！"

"你能不能借给我三块钱？"

"你花钱应该向咱爹去要，我哪里来的钱？"

谈话就这样中断了。这很难说是愉快，还是不愉快，但是我不能再往下说了。因为我的自尊心，确实受了一点损伤。是啊，我失业在家里呆着，这证明书就是已经白念了。白念了，就安心在家里种地过日子吧，还要订报。特别是最后这一句："我哪里来的钱？"这对于作为男子汉大丈夫的我，确实是千钧之重的责难之词！

其实，我知道她还是有些钱的，作个最保守的估计，她可能有十五元钱。当然她这十五元钱，也是来之不易的。是在我们结婚的大喜之日，她的"拜钱"。每个长辈，赏给她一元钱，或者几毛钱，她都要拜三拜，叩三叩。你计算一下，十五元钱，她一共要起来跪下，跪下起来多少次啊。

她把这些钱，包在一个红布小包里，放在立柜顶上的陪嫁大箱里，箱子落了锁。每年春节闲暇的时候，她就取出来，在手里数一数，然后再包好放进去。

在妻子面前碰了钉子，我只好硬着头皮去向父亲要，父亲沉吟了一下说：

"订一份《小实报》不行吗？"

我对书籍、报章，欣赏的起点很高，向来是取法乎上的。《小实报》是北平出版的一种低级市民小报，属于我不屑一顾之类。我没有说话，就退出来了。

父亲还是爱子心切，晚上看见我，就说：

"愿意订就订一个月看看吧，集晌多粜一斗麦子也就是了。长了可订不起。"

在镇上集日那天，父亲给了我三块钱，我转手交给邮政代办所，汇到天津去。同时还寄去两篇稿子。我原以为报纸也像取信一样，要走三里路来自取的，过了不久，居然有一个专人，骑着自行车来给我送报了，这三块钱花得真是气派。他每隔三天，就骑着车子，从县城来到这个小村，然后又通过弯弯曲曲的，两旁都是黄土围墙的小胡同，送到我家那个堆满柴草农具的小院，把报纸交到我的手里。上下打量我两眼,就转身骑上车走了。

我坐在柴草上,读着报纸。先读社论,然后是通讯、地方版、国际版、副刊,甚至广告、行情,都一字不漏地读过以后,才珍重地把报纸叠好,放到屋里去。

我的妻子,好像是因为没有借给我钱,有些过意不去,对于报纸一事,从来也不闻不问。只有一次,带着略有嘲弄的神情,问道:

"有了吗?"

"有了什么?"

"你写的那个。"

"还没有。"我说。其实我知道,她从心里是断定不会有的。

直到一个月的报纸看完,我的稿子也没有登出来,证实了她的想法。

这一年夏天雨水大,我们住的屋子,结婚时裱糊过的顶棚、壁纸,都脱落了。别人家,都是到集上去买旧报纸,重新糊一下。那时日本侵略中国,无微不至,他们的旧报,如《朝日新闻》、《读卖新闻》,都倾销到这偏僻的乡村来了。妻子和我商议,我们是不是也把屋子糊一下,就用我那些报纸,她说:

"你已经看过好多遍了,老看还有什么意思?这样我们就可以省下块数来钱,你订报的钱,也算没有白花。"

我听她讲的很有道理,我们就开始裱糊房屋了,因为这是我们的幸福的窝巢呀。妻刷糨糊我糊墙。我把报纸按日期排列起来,把有社论和副刊的一面,糊在外面,把广告部分糊在顶棚上。

这样，在天气晴朗，或是下雨刮风不能出门的日子里，我就可以脱去鞋子，上到炕上，或仰或卧，或立或坐，重新阅读我所喜爱的文章了。

一九八二年二月九日

牲口的故事

在我童年的记忆里,我们这个小小的村庄,饲养大牲口——即骡马的人家很少。除去西头有一家地主,其实也是所谓经营地主,喂着一骡一马外,就只有北头的一家油坊,喂着四五头大牲口,挂着两辆长套大车,作运输油和原料的工具。他家的大车,总是在人们还没有起床的时候,就从村里摇旗呐喊地出发了,而直到天黑以后,才从远远的地方赶回来,人喊马嘶的声音,送到每家每户正在灯下吃晚饭的人们耳中,人们心里都要说一句:

"油坊的车回来了!"

当我在村中念小学的时候,有几年的时间,我们家也挂了一辆大车,买了一骡一马,农闲时,由叔父赶着去作运输。这时我们家已经上升为中农。但不久父亲就叫把骡马卖了,因为兵荒马乱,这种牲口是最容易惹事的。从此,我们家总是养一头大黄牛,有时再喂一匹驴,这是为的接送在外面做生意的父亲。

我小的时候,父亲或叔父,常常把我放在驴背的前面,一同乘骑。我记得有一匹大叫驴,夏天舅父牵着它过滹沱河,被船夫们哄骗,叫驴凫水,结果淹死了,一家人很难过了些日子。

后来,接送我父亲,就常常借用街上当牲口经纪的四海的小毛驴。他这头小毛驴,比大山羊高不了多少,但装饰得很漂亮,一串挂红缨的铜铃,鞍鞯齐备。那时,当牲口经纪的都养一匹这样的小毛驴。每逢集日,清早骑着上市,事情完后,酒足饭饱,已是黄昏,一个个偏骑在小驴背上,扬鞭赶路,那种目空一切的神气,就是凯旋的将军,也难以比得的。

后来我到了山地,才知道,这种小毛驴,虽然谈不上名贵,用途却是很多的。它们能驮山果、木材、柴草,能往山上送粪,能往山下运粮,能走亲访友,能迎婚送嫁。它们负着比它身体还重的货载,在上山时,步步留神,在下山时,兢兢业业,不声不响,直到完成任务为止。

抗日战争时期,在军旅运输上,小毛驴也帮了我们不少忙。那时的交通站上,除去小孩子,就是小毛驴用处最大,也最活跃。战争后期,我们从延安出发华北,我当了很长时间的毛驴队长。骑毛驴的都是身体不好的女同志。一天夜晚,偷越同蒲路,因为一位女同志下驴到高粱地去小便,以致与前队失了联络,铁路没有过成,又退回来。第二天夜里再过,我宣布:凡是女同志小便,不准远离队列,即在驴边解手。解毕,由牵驴人立即抱之上驴,在驴背上再系腰带。由于我这一发明,此夜得以胜利通过敌人的封锁线,直到现在,想起来,还觉得有些得意。

平分土地的同时,地主家的骡马,富农家的大黄牛,被贫农团牵走,贫农一家喂不起,几家合喂,没人负责,牲口糟踏了不少。成立了互助组，小驴小牛时兴一阵。成立了合作社，骡马又有了用武之地。以后农村虽然有了铁牛，牲畜的用途还是很多，但喂养都不够细心，使用也不够爱惜。牲口饿跑了，被盗了的情况，时常发生。有一年我回到故乡，正值春耕之时，平原景色如故，遍地牛马，忽然见到一匹骆驼耕地。骆驼这东西，在我们这一带原很少见，是庙会上，手摇串铃的蒙古大夫牵着的玩意。以它形状新奇，很能招揽观众。现在突然出现在平原上，高峰长颈，昂视阔步，像一座游动的小山，显得很不协调。我问乡亲们是怎么回事，有人告诉我：不知从哪里跑来这么一匹饿坏了的骆驼，一直跑到大队的牲口棚，伸脖子就吃草，把棚子里的一匹大骡子吓惊了断缰蹿出，直到现在还没找回来。一匹骡子换了一匹骆驼，真不上算。大队试试它能拉犁不，还行！

很有些年，小毛驴的命运，甚是不佳。据说，有人从山西来，骑着一匹小毛驴，到了平原，把缰绳一丢，就不再要它，随它去了。其不值钱，可想而知。

但从农村实行责任制以后，小毛驴的身价顿增，何止百倍？牛的命运也很好了。

呜呼，万物兴衰相承，显晦有时，乃不易之理，而其命运，又无不与政治、政策相关也。

一九八三年一月二十二日

住房的故事

春节前,大院里很多住户,忙着迁往新居。大人孩子笑逐颜开的高兴劲儿,和那锅碗盆勺,煤球白菜,搬运不完的忙乱劲儿,引得我的心也很不平静了。

人之一生,除去吃饭,恐怕就是住房最为重要了。在旧日农村,当父母的,勤劳一生,如果不能为子孙盖下几间住房,那是会死不瞑目的。

我幼年时,父亲和叔父分家,我家分了一块空场院,借住叔父家的三间破旧北房。在我结婚的那年,我的妻子要送半套嫁妆,来丈量房间的尺寸,有人就建议把隔山墙往外移一移,这样尺寸就会大一些,准备以后盖了新房,嫁妆放着就合适了。

墙山往外一移,房的大梁就悬空了,而大梁因为年代久远,已经朽败。这一年夏季,下了几场大雨。有一天中午,我在炕上睡觉,我的妻子也哄着我们新生的孩子睡着了。忽然大梁咯吱咯吱响起来,妻子抱起孩子就往外跑,跑到院里才喊叫我,差一点没有把我砸在屋里。

事后我问她：

"为什么不先叫我？"

她笑着说：

"我那时心里只有孩子。"

我们结婚不久，不能怀疑她对我的恩爱。但从此我悟出一个道理，对于女人来说，母子之爱像是超过夫妻之爱的。

从这以后，我们家每年就用秋收的秋秸和豆秸，从砖窑上换回几车砖来，垒在空院里存放着。今年添一根梁，明年买两条檩。这样一砖一瓦，一檩一椽地积累起来。然后填房基，预备粮食，动工盖房。

在农村，盖房是最操心的事，我见过不只一家，老人操劳着把房盖好，他也就不行了，很快死去。

但是，老人们仍然在竭尽心力为儿子盖房。今年先盖一座正房，再积攒二年，盖一座厢房。住房盖齐了，又筹划外院，盖一间牲口屋，一间草屋，一间碾棚，一间磨棚。然后圈起围墙，安上大梢门。作为一家富农的规模，这就算齐备了。很觉对得起儿子了。然而抗日战争开始了，我没有住进新房，就离家参军去了。

从此，我开始了四海为家的生活。我穿百巷住千家，每夜睡在别人家的炕上。当然也有无数陌生的战士，睡在我们家的炕上。我住过各式各样的房屋，交过各式各样的房东朋友。

一次战斗中，夜晚在荒村宿营。村里人都跑光了，也不敢打火点灯，我们摸进一间破房，同伴们挤在土炕上，我一摸墙边有一块平板，像搭好的一块门板似的，满以为不错，遂据为己有，倒身睡下。天亮起来，看出是停放的一具棺木，才为之一惊。直到现在，我也不知道其中是男是女，是老是少，我同一个死人，睡了一夜上下铺，感谢他没有任何抗议和不满。

抗战胜利后，我回到了家乡，不久父亲去世。根据地实行平分土地，我家只留了三间正房，其余全分给贫农，拆走了。随后，我的全家又迁来城市，那三间北房，生产队用来堆放一些杂物。年久失修，雨水冲刷，风沙淤填，原来是村里最高最新的房，现在变成最低最破旧的房了。

我也年老了，虽有思乡之念，恐怕不能回老家故屋去居住了。

回忆此生，在亲友家借住，有寄人篱下之感；住旅店公寓，为房租奔波；学校读书，黄卷青灯；寺院投宿，晨钟暮鼓。到了十年动乱期间，还被放逐荒陬，关进牛棚。

古之诗人，无一枝之栖，倡言广厦千万；浪迹江湖，以天地为逆旅。此皆放诞狂言，无补实际。人事无常，居无定所。为自身谋或为子孙谋，不及随遇而安为旷达也。

一九八三年二月五日

猫鼠的故事

目前，我屋里的耗子多极了。白天，我在桌前坐着看书或写字，它们就在桌下来回游动，好像并不怕人。有时，看样子我一跺脚就可以把它踩死，它却飞快跑走了。夜晚，我躺在床上，偶一开灯，就看见三五成群的耗子，在地板、墙根串游，有的甚至钻到我的火炉下面去取暖，我也无可奈何。

有朋友劝我养一只猫。我说，不顶事。

这个都市的猫是不拿耗子的。这里的人们养猫，是为了玩，并不是为了叫它捉耗子，所以耗子方得如此猖獗。这里养猫，就像养花种草、玩字画古董一样，把猫的本能给玩得无影无踪了。

我有一位邻居，也是老干部，他养着一只黄猫，据说品种花色都很讲究。每日三餐，非鱼即肉，有时还喂牛奶。三日一梳毛，五日一沐浴。每天抱在怀里抚摩着，亲吻着。夜晚，猫的窝里，有铺的，有盖的，都是特制的小被褥。

这样养了十几年，猫也老了，偶尔下地走走，有些蹒跚迟钝。它从来不知耗子为何物，更不用说有捕捉之志了。

我还是选用了我们原始祖先发明的捕鼠工具：夹子。支得得法，每天可以打住一只或两只。

我把死鼠埋到花盆里去。朋友问我为什么不送给院里养猫的人家。我说：这里的猫，不只不捉耗子，而且不吃耗子。

这是不久以前的经验教训。我打住了一只耗子，好心好意送给邻居，说：

"叫你家的猫吃了吧。"

主人冷冷地说：

"那上面有跳蚤，我们的猫怕传染。如果是吃了耗子药，那就更麻烦。"

我只好提了回来，埋在地里。

又过了不久，终于出现了以下如果不是我亲眼所见，一定有人会认为是造谣的场面。

有一家，在阳台上盛杂物的筐里，发见了一窝耗子，一群孩子呼叫着："快去抱一只猫来，快去抱一只猫来！"

正赶上老干部抱着猫在阳台上散步，他忽然动了试一试的兴致，自告奋勇，把猫抱到了筐前，孩子们一齐呐喊：

"猫来了，猫来捉耗子了！"

老人把猫往筐里一放，猫跳出来。再放再跳，三放三跳，终于逃回家去了。

孩子们大失所望，一齐喊："废物猫，猫废物！"

老人的脸红了。他跑到家里，又把猫抱回来，硬把它按进筐里，不松手。谁知道，猫没有去咬耗子，耗子却不客气，把老干部的手指咬伤，鲜血淋淋，只好先到卫生所，去进行包扎。

群儿大笑不止。其实这无足奇怪，因为这只老猫，从来不认识耗子，它见了耗子实在有些害怕。

十年动乱期间，我曾回到老家，住在侄子家里。那一年收成不好，耗子却很多，侄子从别人家要来一只尚未断奶的小猫，又舍不得喂它，小猫枯瘦如柴，走路都不稳当。有一天，我看见它从立柜下面，连续拖出两只比它的身体还长一段的大耗子，找了个背静地方全吃了。这就叫充分发挥了猫的本能。

其实，这个大都市，猫是很多的。我住的是个大杂院，每天夜里，猫叫为灾。乡下的猫，是二八月到房顶上交尾，这里的猫，不分季节，冬夏常青。也不分场合，每天夜里，房上房下，窗前门后，互相追逐，互相呼叫，那声音悲惨凄厉，难听极了：有时像狼，有时像枭，有时像泼妇刁婆，有时像流氓混混儿。直至天明，还不停息。早起散步，还看见一院子是猫，发情求配不已。

这样多的猫在院里，那样多的耗子在屋里，这也算是一种矛盾现象吧？

城狐社鼠，自古并称。其实，狐之为害，远不及鼠。鼠形体小，而繁殖众，又密迩人事，投之则忌器，药之恐误伤，遂使此蕞尔细物，子孙繁衍，为害无止境。幼年在农村，闻父老言，捕田鼠缝闭其肛门，纵入家鼠洞内，可尽除家鼠。但做此种手术，易被咬伤手指，终于未曾实验。

一九八三年四月五日

夜晚的故事

我幼年就知道，社会上除去士农工商、帝王将相以外，还有所谓盗贼。盗贼中的轻微者，谓之小偷。

我们的村庄很小，只有百来户人家。当然也有穷有富，每年冬季，村里总是雇一名打更的，由富户出一些粮食作为报酬。我记得根雨叔和西头红脸小记，专门承担这种任务。每逢夜深，更夫左手拿一个长柄的大木梆子，右手拿一根木棒，梆梆地敲着，在大街巡逻。平静的时候，他们的梆点，只是一下一下，像钟摆似的；如果他们发现什么可疑的情况，梆点就变得急促繁乱起来。

母亲一听到这种杂乱的梆点，就机警地坐起来，披上衣服，静静地听着。其实并没有发生什么事情，过了一会儿，梆点又规律了，母亲就又吹灯睡下了。

根雨叔打更，对我家尤其有个关照。我家住在很深的一条小胡同底上，他每次转到这一带，总是一直打到我家门前，如果有什么紧急情况，他还会用力敲打几下，叫母亲经心。

我在村里生活了那么多年，并没有发生过什么盗案，偷鸡摸狗的小事，地边道沿丢些庄稼，当然免不了。大的抢劫案件，整个县里我也只是听说发生过一次。县政府每年处决犯人，也只是很少的几个人。

这并不是说，那个时候，就是什么太平盛世。我只是觉得那时农村的民风淳朴，多数人有恒产恒心，男女老幼都知道人生的本分，知道犯法的可耻。

后来我读了一些小说，听了一些评书，看了一些戏，又知道盗贼之中也有所谓英雄，也重什么义气，有人并因此当了将帅，当了帝王。觉得其中也有很多可以同情的地方，有很多耸人听闻的罗曼史。

我一直是个穷书生，对财物看得也很重，一生之中，并没有失过几次盗。青年时在北平流浪，失业无聊，有一天在天桥游逛，停在一处放西洋景的摊子前面。那是夏天，我穿一件白褂，兜里有一个钱包。我正仰头看着，觉得有人触动了我一下，我一转脸，看见一个青年，正用手指轻轻夹我的钱包，知道我发现，他就若无其事地转身走了。当时感情旺盛，我还很为这个青年，为社会，为自身，感慨了一阵子。

直到现在，我对这个人印象很清楚，他高个儿，穿着破旧，满脸烟气，大概是个白面客。

另一次是在本县羽林村看大戏，也是夏天，皮包里有一块现洋叫人扒去了，没有发觉。

在解放区十几年，那里是没有盗贼的。初进城的几年，这个大城市，也可以说是路不拾遗的。

问题就出在"文化大革命"上。在动乱中,造反和偷盗分不清,革命和抢劫分不清。那些大的事件,姑且不论。单说我住的这个院子,原是吴鼎昌姨太太的别墅,日本人住过,国民党也住过,都没有多少破坏。房子很阔气,正门的门限上,镶着很厚很大的一块黄铜,足有二十斤重。动乱期间,附近南市的顽童进院造反,其著名的领袖,一个叫作三猪,一个叫作癞蛤蟆,癞蛤蟆喜欢铁器,三猪喜欢铜器。他把所有的铜门把,铜饰件,都拿走了,就是起不下这块铜门限来。他非常喜爱这块铜,因此他也就离不开这个院,这个院成了他的革命总部和根据地。他每天从早到晚坐在铜门限上,指挥他的群众。住户不能出门,只好请军管人员把他抱出去。三猪并不示弱,他听说解放军奉令骂不还口,打不还手,他就亲爹亲娘骂了起来。谁知这位农民出身的青年战士,受不了这种当众辱骂,不管什么最高指示,把三猪的头按在铜门限上,狠狠碰了几下,拖了出去。

城市里有些居民,也感染了三猪一类的习气,采取的手段比较和平,多是化公为私。比如说院墙,夜晚推倒一段,白天把砖抱回家来,盖一间小屋。院里的走廊,先把它弄得动摇了,然后就拆下木料,去做一件自用家具。这当然是物质不灭。不过一旦成为私有的东西,就倍加爱惜,也就成为神圣之物,不可侵犯了。

后来我到了干校。先是种地,公家买了很多农具,锄头,铁锨,小推车,都是崭新的。后来又盖房,砖瓦,洋灰,木料,也是充足的。但过了不久,就被附近农村的人拿走了大半。农民有一条谚语,道:"五七干校是个宝,我们缺什么就到里边找。"

这当然也可解释为：取之于民，用之于民。

现在，我们的院子，经过天灾人祸，已经是满目疮痍，不堪回首。大门又不严紧。人们还是争着在院里开一片荒地，种植葡萄或瓜果。秋季，当葡萄熟了，每天都有成群结伙的青少年在院里串游，垂涎架下，久久不肯离去。夜晚则借口捉蟋蟀，闯入院内，刀剪齐下，几分钟可以把一架葡萄弄得干干净净；手脚利索，架下连个落叶都没有。有一户种了一棵吊瓜，瓜色艳红，是我院秋色之冠，也被摘去了，为了携带方便，还顺手牵羊，拿走了另一户的一只新篮子。

我年老体弱，无力经营葡萄，也生不了这个气，就在自己窗下的尺寸之地，栽了一架瓜蒌。这是苦东西，没有病的人，是不吃的。另外养了几盆花，放置在窗台上，却接二连三被偷走了。

每天晚上，关灯睡下，半夜醒来，想到有一两名小偷就在窗前窥伺，虽然我是见过世面的人，也真的感到有些不安全了。

谚云：饥寒起盗心。国家施政，虽游民亦可得温饱，今之盗窃，实与饥寒无关也。或谓：偷花者出于爱美，尤为大谬不然矣！

一九八三年四月二十日改讫

吃饭的故事

我幼小时,因为母亲没有奶水,家境又不富裕,体质就很不好。但从上了小学,一直到参加革命工作,一日三餐,还是能够维持的,并没有真正挨过饿。当然,常年吃的也不过是高粱小米,遇到荒年,也吃过野菜蝗虫,饽饽里也掺些谷糠。

一九三八年,参加抗日,在冀中吃得还是好的。离家近,花钱也方便,还经常吃吃小馆。后来到了阜平,就开始一天三钱油三钱盐的生活,吃不饱的时候就多了。吃不饱,就到野外去转游,但转游还是当不了饭吃。

菜汤里的萝卜条,一根赶着一根跑,像游鱼似的。有时是杨叶汤,一片追着一片,像飞蝶似的。又不断行军打仗,就是这样的饭食,也常常难以为继。

一九四四年到了延安,丰衣足食;不久我又当了教员,吃上小灶。

日本投降以后,我从张家口一个人徒步回家,每天行程百里,一路上吃的是派饭。有时夜晚赶到一处,桌上放着两个糠饼子,一碟干辣子，干渴得很，实在难以下咽，只好忍饥睡下，明天再碰运气。

到家以后，经过八年战争，随后是土地改革，家中又无劳动力，生活已经非常困难。我的妻子，就是想给我做些好吃的，也力不从心了。

此后几年，我过的是到处吃派饭的生活。土改平分，我跟着工作组住在村里，吃派饭。工作组走了，我想写点东西，留在村里，还是吃派饭。对给我饭吃，给我房住的农民，特别有感情，总是恋恋不舍，不愿离开。在博野的大西章村，饶阳的大张岗村，都是如此。在土改正在进行时，农民对工作组是很热情的；经过急风暴雨，工作组一撤，农民或者因为分到的东西少，或者因为怕翻天，心情就很复杂了。我不离开，房东的态度，已经有很大的不同，首先表现在饭食上。后来有人警告我：继续留在村里，还有危险。我当时确实没有想到。

有时为了减轻家庭负担，我还带上大女儿，到一个农村去住几天，叫她跟着孩子们到地里去捡花生，或是跟着房东大娘纺线。我则体验生活，写点小说。

这种生活，实际上也是饥一顿，饱一顿，持续了有二三年的时间。

进城以后，算是结束了这种吃饭方式。

一九五三年，我又到安国县下乡半年。吃派饭有些不习惯，我就自己做饭，每天买点馒头，煮点挂面，炒个鸡蛋。按说这是好饭食，但有时我嫌麻烦，就三顿改为两顿，有时还是饿着肚子，到沙岗上去散步。

我还进城买些点心、冰糖，放在房东家的橱柜里。房东家有两房儿媳妇，都在如花之年，每逢我从外面回来，就一齐笑脸相迎说：

"老孙，我们又偷吃你的冰糖了。"

这样，吃到我肚子里去的，就很有限了。虽然如此，我还是很高兴的。能得到她们的欢心，我就忘记饥饿了。

一九八三年九月一日晨，大雨不能外出

昆虫的故事

人的一生,真正的欢乐,在于童年。成年以后的欢乐,则常带有种种限制。例如说:寻欢取乐;强作欢笑;甚至以苦为乐等等。

而童年的欢乐,又在于黄昏。这是因为:一天劳作之后,晚饭未熟之前,孩子们是可以偷一些空闲,尽情玩一会儿的。时间虽短,其欢乐的程度,是大大超过青年人的人约黄昏后的情景的。

黄昏的欢乐,又多在春天和夏天,又常常和昆虫有关。

一是捉黑老婆虫。

这种昆虫,黑色,有硬壳,但下面又有软翅。当村边的柳树初发芽时,它们不知从何处飞来,群集在柳枝上。儿童们用脚一踢树干,它们就纷纷落地装死。儿童们争先恐后地把它们装入瓶子,拿回家去喂鸡。我们的童年,即使是游戏,也常常和衣食紧密相连。

二是摸爬爬儿。

爬爬儿是蝉的幼虫,黄昏时从地里钻出来,爬到附近的树上,或是篱笆上。第二天清晨，脱去一层黄色的皮，就变成了蝉。

摸蝉的幼虫，有两种方式。一是摸洞，每到黄昏，到场边树下去转游，看到有新挖开的小洞，用手指往里一探，幼虫的前爪，就会钩住你的手指，随即带了出来。这种洞是有特点的，口很小，呈不规则圆形，边缘很薄。我幼年时，是察看这种洞的能手，几乎百无一失。另一种方式是摸树。这时天渐渐黑了，幼虫已经爬到树上，但还停留在树的下部，用手从树的周围去摸。这种方式，有点碰运气，弄不好，还会碰到别的虫子，例如蝎子，那就很倒霉了。而且这时母亲也就要喊我们回家吃饭了。

捉了蝉的幼虫，回家用盐水泡起来，可以煎着吃。

三是抄老道儿。

我们那里，沙地很多，都是白沙，一望无垠，洁白如雪，人们就种上柳子。柳子地，是我童年的一大乐园。玩累了，坐在沙地上，就会看见有很多小酒盅似的坑儿。里面光滑整洁，无声无息，偶尔有一个蚂蚁或是小飞虫，滑落到里面，很快就没有踪迹了。我们一边嘴里念念有词："老道儿，老道儿，我给你送肉吃来了。"一边用手往沙地深处猛一抄，小酒盅就到了手掌，沙土从指缝里流落，最后剩一条灰色软体的，形似书鱼而略大的小爬虫在掌心。这种虫子就叫老道儿。它总是倒着走，把它放在沙地上，它迅速地倒退着，不久就又形成一个窝，它也不见了。

它的头部，有两只很硬的钳子。别的小昆虫一掉进它的陷阱，被它拉进土里吃掉，这就叫无声的死亡，或者叫莫名其妙的死亡。

现在想来：道家以清静无为、玄虚冲淡为教旨。导引吐纳、餐风饮露以延年。虫之所为，甚不类矣。何以千古相传，赐此嘉名？岂农民对诡秘之行，有所讽喻乎？

一九八四年三月二十八日上午

鞋的故事

我幼小时穿的鞋，是母亲做。上小学时，是叔母做，叔母的针线活好，做的鞋我爱穿，结婚以后，当然是爱人做，她的针线也是很好的。自从我到大城市读书，觉得"家做鞋"土气，就开始买鞋穿了。时间也不长，从抗日战争起，我就又穿农村妇女们做的"军鞋"了。

现在老了，买的鞋总觉得穿着别扭。想弄一双家做鞋，住在这个大城市，离老家又远，没有办法。

在我这里帮忙做饭的柳嫂，是会做针线的，但她里里外外很忙，不好求她。有一年，她的小妹妹从老家来了。听说是要结婚，到这里置办陪送。连买带做，在姐姐家很住了一程子。有时闲下来，柳嫂和我说了不少这个小妹妹的故事。她家很穷苦。她这个妹妹叫小书绫，因为她最小。在家时，姐姐带小妹妹去浇地，一浇浇到天黑。地里有一座坟，坟头上有很大的狐狸洞，棺木的一端露在外面，白天看着都害怕。天一黑，小书绫就紧抓着姐姐的后衣襟，姐姐走一步，她就跟一步，闹着回家。弄得姐姐没法干活儿。

现在大了,小书绫却很有心计。婆家是自己找的,订婚以前,她还亲自到婆家私访一次。订婚以后,她除拼命织席以外,还到山沟里去教人家织席。吃带砂子的饭,一个月也不过挣二十元。

我听了以后,很受感动。我有大半辈子在农村度过,对农村女孩子的勤快劳动,质朴聪明,有很深的印象,对她们有一种特殊的感情。可惜进城以后,失去了和她们接触的机会。城市姑娘,虽然漂亮,我对她们终是格格不入。

柳嫂在我这里帮忙,时间很长了。用人就要做人情。我说:"你妹妹结婚,我想送她一些礼物。请你把这点钱带给她,看她还缺什么,叫她自己去买吧!"

柳嫂客气了几句,接受了我的馈赠。过了一个月,妹妹的嫁妆操办好了,在回去的前一天,柳嫂把她带了来。

这女孩子身材长得很匀称,像农村的多数女孩子一样,她的额头上,过早地有了几条不太明显的皱纹。她脸面清秀,嘴唇稍厚一些,嘴角上总是带有一点微笑。她看人时,好斜视,却使人感到有一种深情。

我对她表示欢迎,并叫柳嫂去买一些菜,招待她吃饭,柳嫂又客气了几句,把稀饭煮上以后,还是提起篮子出去了。

小书绫坐在炉子旁边,平日她姐姐坐的那个位置上,看着煮稀饭的锅。我坐在旁边的椅子上。

"你给了我那么多钱。"她安定下来以后,慢慢地说,"我又帮不了你什么忙。"

"怎么帮不了？"我笑着说，"以后我走到那里，你能不给我做顿饭吃？"

"我给你做什么吃呀？"女孩子斜视了我一眼。

"你可以给我做一碗面条。"我说。

我看出，女孩子已经把她的一部分嫁妆穿在身上。她低头撩了撩衣襟说：

"我把你给的钱，买了一件这样的衣服。我也不会说，我怎么谢承你呢？"

我没有看准她究竟买了一件什么衣服，因为那是一件内衣。我忽然想起鞋的事，就半开玩笑地说："你能不能给我做一双便鞋呢？"

这时她姐姐买菜回来了。她没有说行，也没有说不行，只是很注意地看了看我伸出的脚。

我又把求她做鞋的话，对她姐姐说了一遍。柳嫂也半开玩笑地说：

"我说哩，你的钱可不能白花呀！"

告别的时候，她的姐姐帮她穿好大衣，箍好围巾，理好鬓发。在灯光之下，这女孩子显得非常漂亮，完全像一个新娘，给我留下了容光照人，不可逼视的印象。

这时女孩子突然问她姐姐："我能向他要一张照片吗？"我高兴地找了一张放大的近照送给她。

过春节时，柳嫂回了一趟老家，带回来妹妹给我做的鞋。

她一边打开包，一边说：

"活儿做得精致极了,下了功夫哩。你快穿穿试试。"

我喜出望外,可惜鞋做得太小了。我懊悔地说:

"我短了一句话,告诉她往大里做就好了。我当时有一搭没一搭,没想她真给做了。"

"我拿到街上,叫人家给拍打拍打,也许可以穿。"柳嫂说。

拍打以后,勉强能穿了。谁知穿了不到两天,一个大脚趾就瘀了血。我还不死心,又当拖鞋穿了一夏天。

我很珍重这双鞋。我知道,自古以来,女孩子做一双鞋送人,是很重的情意。

我还是没有合适的鞋穿。这二年柳嫂不断听到小书绫的消息:她结了婚,生了一个孩子,还是拼命织席,准备盖新房。柳嫂说:

"要不,就再叫小书绫给你做一双,这次告诉她做大些就是了。"

我说:"人家有孩子,很忙,不要再去麻烦了。"

柳嫂为人慷慨,好大喜功,终于买了鞋面,写了信,寄去了。

现在又到了冬天,我的屋里又升起了炉子。柳嫂的母亲从老家来,带来了小书绫给我做的第二双鞋,穿着很松快,我很满意。柳嫂有些不满地说:"这活儿做得太粗了,远不如上一次。"我想:小书绫上次给我做鞋,是感激之情。这次是情面之情。做了来就很不容易了。我默默地把鞋收好,放到柜子里,和第一双放在一起。

柳嫂又说:"小书绫过日子心胜,她男人整天出去贩卖东西。

听我母亲说，这双鞋还是她站在院子里，一边看着孩子，一针一线给你做成的哩。眼前，就是农村，也没有人再穿家做鞋了，材料、针线都不好找了。"

她说的都是真情。我们这一代人死了以后，这种鞋就不存在了，长期走过的那条饥饿贫穷、艰难险阻、山穷水尽的道路，也就消失了。农民的生活变得富裕起来，小书绫未来的日子，一定是甜蜜美满的。

那里的大自然风光，女孩子们的纯朴美丽的素质，也许是永存的吧。

一九八四年十二月十六日

钢笔的故事

我在小学时，写字都是用毛笔。上初中时，开始用蘸水钢笔尖。到高中时，阔气一点的同学，已经有不少人用自来水笔，是从美国进口的一种黑杆自来水笔，买一支要五元大洋。我的家境不行，但年轻时，也好赶时髦。我有一个同班同学，叫张砚方，他的父亲是个军官，张砚方写得一手好魏碑字，这时已改用自来水笔，钢笔字还带有郑文公的风韵。他慷慨地借给了我五元钱，使我顺利地进入了使用自来水笔的行列。钢笔借款，使我心里很不安，又不敢向家里去要，直到张砚方大学毕业时，不愿写毕业论文，把我写的一篇"同路人文学论"拿去交卷，我才轻松了下来。其实我那篇文章，即使投稿，也不会中选，更不用说得什么评论奖了。

这支钢笔，作为宝贵财产，在抗日战争时期，家里人把它埋藏在草屋里。我已经离开家乡到山里去了。我家喂着一头老黄牛，有一天长工清扫牛槽时，发现了这支钢笔。因为是塑料制造，不是味道，老牛咀嚼很久，还是把它吐了出来。

在山里，我又用起钢笔尖，用秫秸做笔杆。那时就是钢笔尖，也很难买到，都是经过小贩，从敌占区弄来的。有一次，我从一个同志的桌上，拿了一个新钢笔尖用，惹得这个同志很不高兴。

就是用这种钢笔，在山区，我还是写了不少文章，原始工具，并不妨碍文思。

抗日战争胜利，我回到了冀中。先是杨循同志送我一支自来水笔，后来，邓康同志又送我一支。我把老杨送我的一支，送给了老秦。

不久，实行土改，我的家是富农，财产被平分。家里只有老母、弱妻和几个小孩子，没有劳力，生活很困难。我先是用自行车带着大女孩子下乡，住在老乡家里，女孩子跟老太太们一块纺线，有时还同孩子们到地里拾些花生、庄稼。后来，政策越来越严格，小孩子不能再吃公粮，我只好把她送回家去。因家庭成分不好，我有多半年不能回家。有一次回家，看见大女孩子，一个人站在屋后的深水里割高粱，我只好放下车子，挽起裤子，帮她去干活。

回到家里，一家人都在为今后的生活发愁。我告诉他们，周而复同志给我编了一本集子，在香港出版，托周扬同志给我带来了几十元稿费。现在我不能带钱回家，我已经托房东，籴了三斗小米，以后政策缓和了，可以运回来。这一番话，并不能解除家人的忧虑。妻说，三斗小米，够吃几天，哪里是长远之计？

我又说，我身上还有一支钢笔，这支钢笔是外国货，可以卖些钱，你们做个小本买卖，比如说卖豆菜，还可以维持一段时间。

家人未加可否。

这都是杞人之忧，解放战争进行得出人意外地顺利，不久我就随军进入天津，忧虑也随之云消雾散。

进城以后，我买了一支大金星钢笔，笔杆很粗，很好用，用了很多年，写了不少字。稿费多了，有人劝我买一支美国派克笔。我这人经不起人劝说，就托机关的一位买办同志，去买了一支，也忘记花了多少钱。"文化大革命"，这是一条。群众批判说：国产钢笔就不能写字？为什么要用外国笔？我觉得说得也是，就检讨说：文章写得好不好，确实不在用什么笔。群众说检讨得不错。

其实，这支钢笔，我一直没有用过。我这个人小气，不大方，有什么好东西，总是放着，舍不得用。抄家时抄去了，后来又发还了，还是锁在柜子里。此生此世，我恐怕不会用它了。现在，机关每年要发一支钢笔，我的笔筒里已经存放着好几支了。

一九八五年四月十一日

书 的 梦

到市场买东西，也不容易。一要身强体壮，二要心胸宽阔。因为种种原因，我足不入市，已经有很多年了。这当然是因为有人帮忙，去购置那些生活用品。夜晚多梦，在梦里却常常进入市场。在喧嚣拥挤的人群中，我无视一切，直奔那卖书的地方。

远远望去，破旧的书床上好像放着几种旧杂志或旧字帖。顾客稀少，主人态度也很和蔼。但到那里定睛一看，却往往令人失望，毫无所得。

按照弗洛伊德的学说，这种梦境，实际上是幼年或青年时代，残存在大脑皮质上的一种印象的再现。

是的，我梦到的常常是农村的集市景象：在小镇的长街上，有很多卖农具的，卖吃食的，其中偶尔有卖旧书的摊贩。或者，在杂乱放在地下的旧货中间，有几本旧书，它们对我最富有诱惑的力量。

这是因为，在童年时代，常常在集市或庙会上，去光顾那些出售小书的摊贩。他们出卖各种石印的小说、唱本。有时，在戏台附近，还会遇到陈列在地下的，可以白白拿走的，宣传耶稣教义的各种圣徒的小传。

在保定上学的时候，天华市场有两家小书铺，出卖一些新书。在大街上，有一种当时叫作"一折八扣"的廉价书，那是新旧内容的书都有的，印刷当然很劣。

有一回，在紫河套的地摊上，买到一部姚鼐编的《古文辞类纂》，是商务印书馆的铅印大字本，花了一圆大洋，这在我是破天荒的慷慨之举。又买了二尺花布，拿到一家裱画铺去做了一个书套。但保定大街上，就有商务印书馆的分馆，到里面买一部这种新书，所费也不过如此，才知道上了当。

后来又在紫河套买了一本大字的夏曾佑撰写的《中国历史教科书》（就是后来的《中国古代史》），也是商务排印的大字本，共两册。

最后一次逛紫河套，是一九五二年。我路过保定，远千里同志陪我到"马号"吃了一顿童年时爱吃的小馆，又看了"列国"古迹，然后到紫河套。在一家收旧纸的店铺里，远买了一部石印的《李太白集》。这部书，在远去世后，我在他的夫人于雁军同志那里还看见过。

中学毕业以后，我在北平流浪着。后来，在北平市政府当了一名书记。这个书记，是当时公务人员中最低的职位，专事抄写，是一种雇员，随时可以解职的，每月有二十元薪金。在那里，我第一次见到了旧官场、旧衙门的景象。那地方倒很好，后门正好对着北平图书馆。我正在青年，富于幻想，很不习惯这种职业。

我常常到图书馆去看书。到北新桥、西单商场、西四牌楼、宣武门外去逛旧书摊。那时买书，是节衣缩食，所购完全是革命的书。我记得买过六期《文学月报》，五期《北斗》杂志，还有其他一些革命文艺期刊，如《奔流》、《萌芽》、《拓荒者》、《世界文化》等。有时就带上这些刊物去"上衙门"。我住在石驸马大街附近，东太平街天仙庵公寓，那里的一位老工友，见我出门，就如此恭维。好在科里都是一些混饭吃、不读书的人，也没人过问。

我们办公的地方，是在一个小偏院的西房。这个屋子里最高的职位，是一名办事员，姓贺。他的办公桌摆在靠窗的地方，而且也只有他的桌子上有块玻璃板。他的对面也是一位办事员，姓李，好像和市长有些瓜葛，人比较文雅。家就住在府右街，他结婚的时候，我随礼去过。

我的办公桌放在西墙的角落里，其实那只是一张破旧的板桌，根本不是办公用的，桌子上也没有任何文具，只堆放着一些杂物。桌子两旁，放了两条破板凳，我对面坐着一位姓方的青年，是破落户子弟。他写得一手好字，只是染上了严重的嗜好。整天坐在那里打盹，睡醒了就和我开句玩笑。

那位贺办事员，好像是南方人，一上班嘴里的话是不断的，他装出领袖群伦的模样，对谁也不冷淡。他见我好看小说，就说他认识张恨水的内弟。

很久我没有事干，也没人分配给我工作。同屋有位姓石的山东人，为人诚实，他告诉我，这种情况并不好，等科长来考勤，对我很不利。他比较老于官场，他说，这是因为朝中无人的缘故。

我那时不知此中的利害，还是把书本摆在那里看。

我们这个科是管市民建筑的。市民要修房建房，必须请这里的技术员，去丈量地基，绘制蓝图，看有没有侵占房基线。然后在窗口那里领照。

我们科的一位股长，是一个胖子，穿着蓝绸长衫，和下僚谈话的时候，老是把一只手托在长衫的前襟下面，做撩袍端带的姿态。他当然不会和我说话的。

有一次，我写了一个请假条寄给他。我虽然看过《酬世大观》，在中学也读过陈子展的《应用文》，高中时的国文老师，还常常把他替要人们拟的公文，发给我们当作教材。但我终于在应用时把"等因奉此"的程式用错了。听姓石的说，股长曾拿到我们屋里，朗诵取笑。股长有一个干儿，并不在我们屋里上班，却常常到我们屋里瞎串。这是一个典型的京华恶少，政界小人。他也好把一只手托在长衫下面，不过他的长衫，不是绸的，而是蓝布，并且旧了。有一天，他又拿那件事开我的玩笑，激怒了我，我当场把他痛骂一顿，他就满脸赔笑地走了。

当时我血气方刚，正是一语不合拔剑而起的时候，更何况初入社会，就到了这样一处地方，满腹怨气，无处发作，就对他来了。

我是由志成中学的体育教师介绍到那里工作的。他是当时北方的体育明星，娶了一位宦门小姐。他的外兄是工务局的局长。所以说，我官职虽小，来头还算可以。不到一年，这位局长下台，再加上其他原因，我也就"另候任用"了。

我被免职以后，同事们照例是在东来顺吃一次火锅，然后到娱乐场所玩玩。和我一同免职的，还有一位家在北平附近的人，脸上有些麻子，忘记了他的姓。他是做外勤的，他的为人和他的破旧自行车上的装备，给人一种商人小贩的印象，失业对他是沉重的打击。走在街上，他悄悄地对我说：

"孙兄，你是公子哥儿吧，怎么你一点也不在乎呀！"

我没有回答。我想说：我的精神支柱是书本，他当然是不能领会的。其实，精神支柱也不可靠，我所以不在意，是因为这个职位，实在不值得留恋。另外，我只身一人，这里没有家口，实在不行，我还可以回老家喝粥去。

和同事们告别以后，我又一个人去逛西单商场的书摊。渴望已久的，鲁迅先生翻译的《死魂灵》一书，已经陈列在那里了。用同事们带来的最后一次薪金，购置了这本名著，高高兴兴回到公寓去了。

第二天清晨，夹着这本书，出西直门，路经海淀，到离北平有五六十里路的黑龙潭，去看望在那里山村小学教书的一个朋友。他是我的同乡，又是中学同学。这人为人热情，对于比他年纪小的同乡同学，情谊很深。到他那里，正是深秋时节，黄叶飘落，潭水清冷，我不断想起曹雪芹在这一带著书的情景。住了两天，我又回到了北平。

我在朝阳大学同学处住几天，又到中国大学同学处住几天。后来，感到肚子有些饿，就写了一首诗，投寄《大公报》的《小公园》副刊。内容是：我要离开这个大城市，回到农村去了，因为我看到：在这里，是一部分人正在输血给另一部分人！

诗被采用，给了五角钱。

整理了一下，在北平一年所得的新书旧书，不过一柳条箱，就回到农村，去教小学了。

我的书籍，一损失于抗日战争之时，已在别一篇文章中略记，一损失于土地改革之时。

我的家庭成分是富农。按照当时党的政策，凡是有人在外参加革命，在政治上稍有照顾。关于书，是属于经济，还是属于政治，这是不好分的。贫农团以为书是钱买来的，这当然也是属于财产，他们就先后拿去了。其实也不看。当时，我们那里的农民，已普遍从八路军那里学会裁纸卷烟。在乡下，纸张较之布片还难得，他们是拿去卷烟了。

这时，我在饶阳县一个小区参加土改工作。大概是冀中区党委所在之地吧，发了一个通知，要各村贫农团，把斗争果实中的书籍，全部上缴小区，由专人负责清查保存。大概因为我是知识分子吧，我们的小区区长，把这个责任交给了我。

书籍也并不太多，堆在一间屋子的地下，而且多是一些古旧破书，可以用来卷烟的已经不多。我因家庭成分不好，又由于"客里空"问题，正在《冀中导报》受到公开批判，谨小慎微，对这些书籍，丝毫不敢染指，全部上缴县委了。

我的受批判，是因为那一篇《新安游记》。是个黄昏，我从端村到新安城墙附近绕了绕，那里地势很洼，有些雾气，我把大街的方向弄错了。回去仓促写了一篇抗日英雄故事，在《冀中导报》发表了。土改时被作为"客里空"典型。

在家乡工作期间，已经没有购买书籍的机会，携带也不方便。如果能遇到书本的话，只是用打游击的方式，走到哪里，就看到哪里。

但也有时得到书。我在蠡县工作时，有一次在县城大集上，从一个地摊上，买到一本商务印书馆出版的，铅印精装的《西厢记》。我带着看了一程子，后来送给蠡县一位书记了。

《冀中导报》在饶阳大张岗设立了一处造纸厂。他们收买一些旧书，用牲口拉的大碾，轧成纸浆。有一间棚子，堆放着旧书。我那时常到这家纸厂吃住。从棚子里，我捡到一本石印的《王圣教》和一本石印的《书谱》。

在河间工作的时候，每逢集日，在一处小树林里，有推着小车贩卖烂纸书本的。有一次，我从车上买到一部初版的《孽海花》。一直保存着，进城后，送给一位新婚燕尔、出国当参赞的同志了。

一九七九年四月

画 的 梦

在绘画一事上，我想，没有比我更笨拙的了。和纸墨打了一辈子交道，也常常在纸上涂抹，直到晚年，所画的小兔、老鼠等等小动物，还是不成样子，更不用说人体了。这是我屡屡思考，不能得到解答的一个谜。

我从小就喜欢画。在农村，多么贫苦的人家，在屋里也总有一点点美术。人天生就是喜欢美的。你走遍多少人家，便可以欣赏到多少形式不同的、零零碎碎、甚至残缺不全的画。那或者是窗户上的一片红纸花，或者是墙壁上的几张连续的故事画，或者是贴在柜上的香烟盒纸片，或者是人已经老了，在青年结婚时，亲朋们所送的麒麟送子"中堂"。

这里没有画廊，没有陈列馆，没有画展。要得到这种大规模的、能饱眼福的欣赏机会，就只有年集。年集就是新年之前的集市。赶年集和赶庙会，是童年时代最令人兴奋的事。在年集上，买完了鞭炮，就可以去看画了。那些小贩，把他们的画张挂在人家的闲院里，或是停放大车的门洞里。看画的人多，买画的人少，他并不见怪，小孩们他也不撵，很有点开展览会的风度。他同时卖神像，例如"天地"、"老爷"、"灶马"之类。神画销路最大，因为这是每家每户都要悬挂供奉的。

我在童年时，所见的画，还都是木板水印，有单张的，有四联的。稍大时，则有了石印画，多是戏剧，把梅兰芳印上去，还有娃娃京戏，精彩多了。等我离开家乡，到了城市，见到的多是所谓月份牌画，印刷技术就更先进了，都是时装大美人儿。

在年集上，一位年岁大的同学，曾经告诉我：你如果去捅一下卖画人的屁股，他就会给你拿出一种叫作"手卷"的秘画，也叫"山西灶马"，好看极了。

我听来，他这些说法，有些不经，也就没有去尝试。

我没有机会欣赏更多的、更高级的美术作品，我所接触的，只能说是民间的、低级的。但是，千家万户的年画，给了我很多知识，使我知道了很多故事，特别是戏曲方面的故事。

后来，我学习文学，从书上，从杂志上，看到一些美术作品。就在我生活最不安定，最困难的时候，我的书箱里，我的案头，我的住室墙壁上，也总有一些画片。它们大多是我从杂志上裁下的。

对于我钦佩的人物，比如托尔斯泰、契诃夫、高尔基，比如鲁迅，比如丁玲同志，比如阮玲玉，我都保存了他们的很多照片或是画像。

进城以后，本来有机会去欣赏一些名画，甚至可以收集一些名人的画了。但是，因为我外行，有些吝啬，又怕和那些古董商人打交道，所以没有做到。有时花很少的钱，在早市买一两张并非名人的画，回家挂两天，厌烦了，就卖给收破烂的，于是这些画就又回到了早市去。

一九六一年，黄冑同志送给我一张画，我托人拿去裱好了，挂在房间里，上面是一个维吾尔少女牵着一匹毛驴，下面还有一头大些的驴，和一头驴驹。一九六二年，我又转请吴作人同志给我画了三头骆驼，一头是近景，两头是远景，题曰《大漠》。也托人裱好，珍藏起来。

一九六六年，运动一开始，黄冑同志就受到"批判"。因为他的作品，家喻户晓，他的"罪名"，也就妇孺皆知。家里人把画摘下来了。一天，我出去参加学习，机关的造反人员来抄家，一见黄冑的毛驴不在墙上了，就大怒，到处搜索。搜到一张画，展开不到半截，就摔在地下，喊："黑画有了！"其实，那不是毛驴，而是骆驼，真是驴唇不对马嘴。就这样把吴作人同志画的三头骆驼牵走了，三匹小毛驴仍留在家中。

运动渐渐平息了。我想念过去的一些友人。我写信给好多年不通音讯的彦涵同志，问候他的起居，并请他寄给我一张画。老朋友富于感情，他很快就寄给我那幅有名的木刻《老羊倌》，并题字用章。

我求人为这幅木刻做了一个镜框，悬挂在我的住房的正墙当中。

不久,"四人帮"在北京举办了别有用心的"黑画展览",这是他们继小靳庄之后发动的全国性展览。

机关的一些领导人,要去参观,也通知我去看看,说有车,当天可以回来。

我有十二年没有到北京去了,很长时间也看不到美术作品,就答应了。

在路上停车休息时,同去的我的组长,轻声对我说:"听说彦涵的画展出的不少哩!"我没有答话。他这是知道我房间里挂有彦涵的木刻,对我提出的善意警告。

到了北京美术馆门前,真是和当年的小靳庄一样,车水马龙,人山人海。"四人帮"别无能为,但善于巧立名目,用"示众"的方式蛊惑人心。人们像一窝蜂一样往里面拥挤。这种场合,这种气氛,我都不能适应。我进去了五分钟,只是看了看彦涵同志那些作品,就声称头疼,钻到车里去休息了。

夜晚,我们从北京赶回来,车外一片黑暗。我默默地想:彦涵同志以其天赋之才,在政治上受压抑多年,这次是应国家需要,出来画些画。他这样努力、认真、精心地工作,是为了对人民有所贡献,有所表现。"四人帮"如此对待艺术家的良心,就是直接侮辱了人民之心。回到家来,我面对着那幅木刻,更觉得它可珍贵了。上面刻的是陕北一带的牧羊老人,他手里抱着一只羊羔,身边站立着一只老山羊。牧羊人的呼吸,与塞外高原的风云相通。

这幅木刻,一直悬挂着,并没有摘下。这也是接受了多年的经验教训：过去，我们太怯弱了，太驯服了，这样就助长了那些政治骗子的野心，他们以为人民都是阿斗，可以玩弄于他们的股掌之上。几乎把艺术整个毁灭，也几乎把我们全部葬送。

我是好做梦的，好梦很少，经常是噩梦。有一天夜晚，我梦见我把自己画的一幅画，交给中学时代的美术老师，老师称赞了我，并说要留作成绩，准备展览。

那是一幅很简单的水墨画：秋风败柳，寒蝉附枝。

我很高兴，叹道：我的美术，一直不及格，现在，我也有希望当个画家了。随后又有些害怕，就醒来了。

其实，按照弗洛伊德学说，这不过是一连串零碎意识、印象的偶然的组合，就像万花筒里出现的景象一样。

一九七九年五月

戏 的 梦

大概是一九七二年春天吧，我"解放"已经很久了，但处境还很困难，心情也十分抑郁。于是决心向领导打一报告，要求回故乡"体验生活，准备写作"。幸蒙允准。一担行囊，回到久别的故乡，寄食在一个堂侄家里。乡亲们庆幸我经过这么大的"运动"，安然生还，亲戚间也携篮提壶来问。最初一些日子，心里得到不少安慰。

这次回老家，实际上是像鲁迅说的，有一种动物，受了伤，并不嚎叫，挣扎着回到林子里，倒下来，慢慢自己去舔那伤口，求得痊愈和平复。

老家并没有什么亲人，只有叔父，也八十多岁了。又因为青年时就远离乡土，村子里四十岁以下的人，对我都视若陌生。

这个小村庄，以林木著称，四周大道两旁，都是钻天杨，已长成材。此外是大片大片柳杆子地，以经营农具和编织副业。靠近村边，还有一些果木园。

侄子喂着两只山羊，需要青草。烧柴也缺。我每天背上一个柳条大筐，在道旁砍些青草，或是捡些柴棒。有时到滹沱河的大堤上去望望，有时到附近村庄的亲戚家走走。

又听到了那些小鸟叫；又听到了那些草虫叫；又在柳林里拣到了鸡腿蘑菇；又看到了那些黄色紫色的野花。

一天中午，我从野外回来，侄子告诉我，镇上传来天津电话，要我赶紧回去，电话听不清，说是为了什么剧本的事。

侄子很紧张，他不知大伯又出了什么事。我一听是剧本的事，心里就安定下来，对他说：

"安心吃饭吧，不会有什么变故。剧本，我又没发表过剧本，不会再受批判的。"

"打个电话去问问吗？"侄子问。

"不必了。"我说。

隔了一天，我正送亲戚出来，街上开来一辆吉普车，迎面停住了。车上跳下一个人，是我的组长。他说，来接我回天津，参加创作一个京剧剧本。各地都有"样板戏"了，天津领导也很着急。京剧团原有一个写抗日时期白洋淀的剧本，上不去。因我写过白洋淀，有人推荐了我。

组长在谈话的时候，流露着一种神色，好像是为我庆幸：领导终于想起你来了。老实讲，我没有注意去听这些。剧本上不去找我，我能叫它上去？我能叫它成了样板戏？

但这是命令，按目前形势，它带有半强制的性质。第二天我们就回天津了。

回到机关，当天政工组就通知我，下午市里有首长要来，你不要出门。这一通知，不到半天，向我传达三次。我只好在办公室呆呆坐着。首长没有来。

第二天，工作人员普遍检查身体。内、外科，脑系科，耳鼻喉科，楼上楼下，很费时间。我正在检查内科的时候，组里来人说：市文教组负责同志来了，在办公室等你。我去检查外科，又来说一次，我说还没检查牙。他说快点吧，不能叫负责同志久等。我说，快慢在医生那里，我不能不排队呀。

医生对我的牙齿很夸奖了一番，虽然有一颗已经叫虫子吃断了。医生向旁边几个等着检查的人说：

"你看，这么大的年岁，牙齿还这样整齐，卫生工作一定做得好。运动期间，受冲击也不太大吧？"

"唔。"我不知道牙齿整齐不整齐，和受冲击大小，有何关联，难道都要打落两颗门牙，才称得上脱胎换骨吗？我正惦着楼上有负责同志，另外，嘴在张着，也说不清楚。

回到办公室，组长已经很着急了。我一看，来人有四五位。其中有一个熟人老王，向一位正在翻阅报纸的年轻人那里努努嘴。暗示那就是负责同志。

他们来，也是告诉我参加剧本创作的事。我说知道了。

过了两天，市里的女文教书记，真的要找我谈话了，只是改了地点，叫我到市委机关去。这当然是隆重大典，我们的主任不放心，亲自陪我去。

在一间不大不小的会议室里，我坐了下来。先进来一位穿军装的，不久女书记进来了。我和她在延安做过邻居，过去很熟，现在地位如此悬殊，我既不便放肆，也不便巴结。她好像也有点矛盾，架子拿得太大，固然不好意思，如果一点架子也不拿，则对于旁观者，起码有失威信。

总之，谈话很简单，希望我帮忙搞搞这个剧本。我说，我没有写过剧本。

"那些样板戏，都看了吗？"她问。

"唔。"我回答。其实，罪该万死，虽然在这些年，样板戏以独霸中夏的势焰，充斥在文、音、美、剧各个方面，直到目前，我还没有正式看过一出、一次。因为我已经有十几年不到剧场去了，我有一个收音机，也常常不开。这些年，我特别节电。

一天晚上，去看那个剧本的试演。见到几位老熟人，也没有谈什么，就进了剧场。剧场灯光暗淡，有人扶持了我。

这是一本写白洋淀抗日斗争的京剧。过去，我是很爱好京剧的，在北京当小职员时，经常节衣缩食，去听富连成小班。有些年，也很喜欢唱。

今晚的印象是：两个多小时，在舞台上，我既没有能见到白洋淀当年抗日的情景，也没有听到我所熟悉的京戏。

这是"京剧革命"的产物。它追求的，好像不是真实地再现历史，也不是忠实地继承京剧的传统，包括唱腔和音乐。它所追求的，是要和样板戏"形似"，即模仿"样板"。它的表现特点为：追求电影场面，采取电影手法，追求大的、五光十色的、大轰大闹、大哭大叫的群众场面。它变单纯的音乐为交响乐队，瓦釜雷鸣。它的唱腔，高亢而凄厉，冗长而无味，缺乏真正的感情。演员完全变成了政治口号的传声筒，因此，主角完全是被动的、矫揉造作的，是非常吃力、也非常痛苦的。繁重的唱段，连续的武打，使主角声嘶力竭，假如不是青年，他会不终曲而当场晕倒。

戏剧演完，我记不住整个故事的情节，因为它的情节非常支离；也唤不起我有关抗日战争的回忆，因为它所写的抗日战争，完全不是那么回事，甚至可以说是不着边际。整个戏锣鼓喧天，枪炮齐鸣，人出人进，乱乱哄哄。不知其何以开始，也不知其何以告终。

第二天，在中国大戏院休息室，开座谈会，我准备了一个发言提纲。参加会的人很不少，除去原有创作组、主要演员、剧团负责人，还有文化局负责人、文化口军管负责人。《天津日报》还派去了一位记者。

我坐在那里，斟酌我的发言提纲。忽然，坐在我旁边的文化局负责人，推了我一下。我抬头一看，女书记进来了，全场的人都站了起来，我也跟着站了起来。女书记在我身边坐下，会议开始。

在会上，我谈了对这个戏的印象，说得很缓和，也很真诚。并谈了对修改的意见，详细说明当时冀中区和白洋淀一带，抗日战争的形势，人民斗争的特点，以及敌人对这一地区残酷"扫荡"的情况。

大概是因为我讲的时间长了一些，别的人没有再讲什么，女书记作了一些指示，就散会了。

后来我才知道，昨天没有人讲话，并不是同意了我的意见。在以后只有创作组人员参加的讨论会上，旧有成员，开始提出了反对意见，并使我感到，这些反对意见，并不纯粹属于创作方面，而是暗示：一、他们为这个剧本，已经付出了很长的时间和很大的精力，如果按照我的主张，他们的剧本就要从根本上推翻。二、不要夺取他们创作样板戏可能得到的功劳。三、我是刚刚受过批判的人物，能算老几。

我从事文艺工作，已经有几十年。所谓名誉，所谓出风头，也算够了。这些年，所遭凌辱，正好与它们抵消。至于把我拉来写唱本，我也认为是修废利旧，并不感到委屈。因此，我对这些富于暗示性的意见，并不感到伤心，也不感到气愤。它使我明白了文艺创作的现状。使我奇怪的是，这个创作组，曾不只一次到白洋淀一带，体验生活，进行访问，并从那里弄来一位当年的游击队长，长期参与他们的创作活动。为什么如此无视抗日战争的历史和现实呢？这位游击队长，战斗英雄，为什么也尸位素餐，不把当年的历史情况和自己的亲身经历，告诉他们呢？

后来我才明白，一些年轻人，一些"文艺革命"战士，只是一心要"革命"，一心创造样板，已经迷了心窍，是任何意见也听不进去的。

不知为了什么，军管人员在会上支持我的工作，因此，剧本讨论仍在进行。

这就是目前大为风行的集体创作：每天大家坐在一处开会，

今天你提一个方案，明天他提一个方案，互相抵消，一事无成。积年累月，写不出什么东西，就不足为怪了。

夏季的时候，我们到白洋淀去。整个剧团也去，演出现在的剧本。

我们先到新安，后到王家寨，这是淀边上一个比较大的村庄。我住在村南头（也许不准确，因为我到了白洋淀，总是转向，过去就发生过方向错误）一间新盖的、随时可以放眼水淀的、非常干净的小房里。

房东是个老实的庄稼人。他的爱人，比他年轻好多，非常精明。他家有几个女儿，都长得秀丽，又都是编席快手，一家人生活很好。但是，大姑娘已经年近三十，还没有订婚，原因是母亲不愿失去她这一双织席赚钱的巧手。大姑娘终日默默不语。她的处境，我想会慢慢影响下面那几个逐年长大的妹妹。母亲固然精明，这个决策，未免残酷了一点。

在这个村庄，我还认识了一位姓魏的干部。他是专门被派来招呼剧团的，在这一带是有名的"瞎架"。起先，我不知道这个词儿，后来才体会到，就是好摊事管事的人。凡是大些的村庄，要见世面，总离不开这种人。因为村子里的猪只到处跑，苍蝇到处飞，我很快就拉起痢来，他对我照顾得很周到。

住了一程子，我们又到了郭里口。这是淀里边的一个村庄，当时在生产上，好像很有点名气，经常有人参观。

在大队部，村干部为我们举行了招待会，主持会的是村支部宣传委员刘双库。这个小伙子，听说在新华书店工作过几年，很有口才，还有些派头。

当介绍到我，我说要向他学习时，他大声说："我们现在写的白洋淀，都是从你的书上抄来的。"使我大吃一惊。后来一想，他的话恐怕有所指吧。

当天下午，我们坐船去参观了他们的"围堤造田"。现在，白洋淀的水，已经很浅了，湖面越来越小。芦苇的面积，也有很大缩减，荷花淀的规模，也大不如从前了。正是荷花开放的季节，我们的船从荷丛中穿过去。淀里的水，不像过去那样清澈，水草依然在水里浮荡，水禽不多，鱼也很少了。

确是用大堤围起了一片农场。据说，原是同口陈调元家的苇荡。

实际上是苇荡遭到了破坏。粮食的收成，不一定抵得上苇的收成，围堤造田，不过是个新鲜名词。所费劳力很大，肯定是得不偿失的。

随后，又组织了访问。因为剧本是女主角，所以访问了抗日战争时期的几位妇救会员，其中一位名叫曹真。她已经四十多岁了。她的穿着打扮，还是三十年代式：白夏布短衫，长发用一只卡子束拢，搭在背后。抗日时，她是一位十八九岁的姑娘，在芦苇淀中的救护船上，她曾多次用嘴哺喂那些伤员。她的相貌，现在看来，也可以说是冀中平原的漂亮人物，当年可想而知。

她在二十岁时，和一个区干部订婚，家里常常掩护抗日人员。就在这年冬季，敌人抓住了她的丈夫，在冰封的白洋淀上，砍去了他的头颅。她，哭喊着跑去，收回丈夫的尸首掩埋了。她还是做抗日工作。

全国胜利以后，她进入中年，才和这村的一个人结了婚。她和我谈过往事，又说：胜利以后，村里的宗派斗争，一直很厉害，前些年，有二十六名老党员，被开除党籍，包括她在内。现在，她最关心的，是什么时候才能解决她们的组织问题。她知道，我是无能为力的，她是知道这些年来老干部的处境的。但是，她愿意和我谈谈，因为她知道我曾经是抗日战士，并写过这一带的抗日妇女。

在她面前，我深感惭愧。自从我写过几篇关于白洋淀的文章，各地读者都以为我是白洋淀人，其实不是，我的家离这里还很远。

另外，很多读者，都希望我再写一些那样的小说。读者同志们，我向你们抱歉，我实在写不出那样的小说来了。这是为什么？我自己也说不出。我只能说句良心话，我没有了当年写作那些小说时的感情，我不愿用虚假的感情，去欺骗读者。那样，我就对不起坐在对面的曹真同志。她和她的亲人，在抗日战争时期，是流过真正的血和泪的。

这些年来，我见到和听到的，亲身体验到的，甚至刻骨镂心的，是另一种现实，另一种生活。它与抗日战争时期的现实生活，大不一样，甚至相反。抗日战争，是中国共产党领导的一种神圣的战争。人民作出了重大的牺牲。他们的思想、行动升到无比崇高的境界。生活中极其细致的部分，也充满了可歌可泣的高尚情操。

这些年来，林彪等人，这些政治骗子，把我们的党，我们的国家，我们的干部和人民，践踏成了什么样子！他们的所作所为，反映到我脑子里，是虚伪和罪恶。这种东西太多了，它们排挤、压抑，直至销毁我头脑中固有的，真善美的思想和感情。这就像风沙摧毁了花树，粪便污染了河流，鹰枭吞噬了飞鸟。善良的人们，不要再责怪花儿不开、鸟儿不叫吧！它受的伤太重了，它要休养生息，它要重新思考，它要观察气候，它要审视周围。

我重游白洋淀，当然想到了抗日战争。但是这一战争，在我心里好像是很久很久以前的事了。它好像是在前一生经历的，也好像是在昨夜梦中经历的。许多兄弟，在战争中死去了，他们或者要渐渐被人遗忘。另有一部分兄弟，是在前几年含恨死去的，他们临死之前，一定也想到过抗日战争。

世事的变化，常常是出于人们意料之外的。每个时代，有每个时代的血和泪。

坐在我面前的女战士，她的鬓发已经白了，她的脸上，有很深的皱纹，她的心灵之上，有很重的创伤。

假如我把这些感受写成小说，那将是另一种面貌，另一种风格。我不愿意改变我原来的风格，因此，我暂时决定不写小说。

但是现在，我身不由主，我不得不参加这个京剧脚本的讨论。我们回到天津，又讨论了很久，还是没有结果。我想出一个金蝉脱壳之计：自己写一个简单脚本，交上去，声明此外已无能为力。

我对京剧是外行，又从不礼拜甚至从不理睬那企图支配整个民族文化的"样板戏"，剧团当然一字一句也没有采用我的剧本。

一九七九年五月二十五日

戏的续梦

过去，我写过一篇《戏的梦》，现在写《戏的续梦》。

俗话儿说，"隔行如隔山"；又说，"这行看着那行高"。的确不错。比如说，我是写文章的，却很羡慕演员，认为他们的生活，他们的艺术，神秘无比。对话剧、电影演员，倒没有什么，特别羡慕京剧演员，尤其是女演员。在我童年的时候，乡下的戏班，已经有了坤角儿，她们的演出，确实是引人入迷的。在庙会大戏棚里，当坤角儿一上场，特别是当演小放牛这类载歌载舞的戏剧时，那真称得起万头攒动，如醉如狂。从这个印象出发，后来我就特别喜欢看花旦和武旦的戏，女扮男装的戏，比如《辛安驿》呀，《铁弓缘》呀，《虹霓关》呀等等。

三十年代初，我在北京当小职员，每月十八元钱，还要交六元钱的伙食费。但到了北京，如果不看戏，那不是大煞风景吗？因此，我每礼拜必定看一次京戏。那时北京名角很多，我不常去看，主要是看富连成和中华戏剧学校小科班的"日场戏"，每次花三四角钱，就可以了。

中华戏剧学校演出的地点，是东安市场的吉祥剧场。在这里，我看过无数次的戏，这个科班的"德和金玉"四班学生，我都看过。直到现在，还记得他们的名字。

每次散戏出场，我还恋恋不舍，余音缭绕在我的脑际。看到停放在市场大门一侧的、专为接送戏校演员的、那时还很少见到的、华贵排场的大轿车，对于演员这一行，就尤其感到羡慕不已了。

后来回到老家参加游击队打日本，就再也看不到京戏。庙会没有了，有时开会演些节目，都是外行强登台，文场没有文场，武场没有武场，实在引不起我这看过真正京戏的人的兴趣。

地方上原来也有几个京剧演员，其中也有女演员，凡有些名声的，这时都躲到大城市混饭吃去了。有一年春节，我们驻扎在保定附近一个村庄，听说这村里有一个唱花旦的女演员，从保定回来过节，我们曾想把她动员过来，给我们演几段戏。还没有计议好，人家就听到了风声，连夜逃回保定去了。

一九七二年春天，在一种特殊的情况下，我认识了一位演花旦和能反串小生的青年女演员。说是认识，也没有说过多少话。只是在去白洋淀体验生活时，我和她同坐一辆车。这可能是剧团对我们的优待，因为她是这个剧团的主要演员，我是新被任命的顾问，并被人称做首席顾问。虽然当了顾问，比过去当牛鬼蛇神稍微好听了一点，实际处境还是很糟。比如出发的这天早晨，家里有人还对我表示了极端的不尊重，我带着一肚子闷气上了车，我右边座位上就是这位女演员。

我上车来，她几乎没有任何表示，头一直望着窗外。我也没有说话，车就开动了。这是一辆北京牌吉普车，开车的是一位原来演武生，跌伤了腿，改学司机的青年。一路上，车开得很快，我不知道多少快，反正是风驰电掣、腾云驾雾一般。我想：不是改行，他满可以成为一名骆连翔式的"勇猛武生"。如果是现在，我一定要求他开慢一点，但在那个年月，我的经验是处处少开口为妙。另外，经过几年的摔打，什么危险，我也有些不在乎了。

路经保定，车辆到齐，要吃午饭，我提出开到一个好些的饭店门口，我请客。我觉得这是责无旁贷的事，却也没有人对我表示感谢。其实好些的饭店，也不过是卖炒饼，而饼又烙得厚，切得块大，炒得没滋味。饭后每人又喝了一碗所谓木樨汤。

然后又上路，到了新安县，天还早，在招待所休息一下，我们编剧组又一同绕着城墙，散步一番。我不记得当时这位女演员说过什么话。她穿得很普通，不上台，谁也看不出她是个演员来，这也是"文化革命"的结果。

听说，她刚刚休完产假。把孩子放在家里，有些不放心吧。她担任的那个主角，又不好演，唱段、武打很多，很是吃力。她虽然是主角，但她在台上，我看不到过去的花旦、武旦的可爱形象。她那一头短发，一身短袄裤，一顶戴在头上的破军帽，一支身上背的木制盒子枪，一举一动，都使旧有的京剧之美，女角之动人，在我的头脑里破灭了。可惜新的京剧之美，英雄之美，并没有在旧的基础上滋生出来。

在那些时候，我惊魂不定，终日迷迷惘惘，什么也不愿去多想，沉默寡言、应付着过日子。周围的人，安分守己的人，也都是这样过日子。不久，我得了痢疾，她和另外两位女演员，到我的住处看望我，这可能是奉领导之命，还提出要为我洗衣服，我当然不肯，向她们表示了谢意。

我们常常到外村体验生活，都是坐船去。有一次回来时天晚了，烟雾笼罩着水淀，我和这位演员坐在船头上，我穿着单衣，身上有些冷，从书包里取出一件棉背心，套在外面，然后又没精打采地蜷缩在那里。可能是这种奇怪的穿衣法，引起了她的兴致；也可能是想给她身边这位可怜的顾问增添点乐趣，提提精神，驱除寒冷，她忽然用京剧小生的腔调，笑了几声，使整个水淀都震荡，惊起几只水鸟，我才真正地欣赏了她的京剧才能，并感到了她对我的真诚的好意。

那些年月，对于得意或失意的人，成功或失败的人，造反或打倒的人，生者或死者，都算过去了，过去很久了。我也更衰老了，但心里保留了一幅那个年月人与人的关系的图表。因此，这些情景，还记得很清楚。

我十二岁的时候，父亲给我买了一本《京剧大观》，使我对京剧有了一些知识。在我流浪时，从军时，一个人苦闷或悲愤，徘徊或跋涉时，我都喊过几句京戏。在延安窑洞里，我曾请一位经过名师传授的同志去教我唱，因此对她产生了爱慕之情，并终于形成了痛苦的结果。在农村工作时，我常请一些民间乐手为我操琴，其实我唱得并不好。后来终于有机会和这个剧团的内行专家们，共同生活了几个月，虽然时候赶得不好，但也平平安安，相安无事。

今年春天，忽然有一位唱花脸的同志来看我，谈起了这段往事。我送给他一本书，随后又拿了一本，请他送给那位女演员。

一九八四年三月七日

芸斋琐记

吃粥有感

我好喝棒子面粥,几乎长年不断,晚上多煮一些,第二天早晨,还可以吃一顿。秋后,如果再加些菜叶、红薯、胡萝卜什么的,就更好吃了。冬天坐在暖炕上,两手捧碗,缩脖而啜之,确实像郑板桥说的,是人生一大享受。

有人向我介绍,胡萝卜营养价值很高,它所含的维生素,较之名贵的人参,只差一种,而它却比人参多一种胡萝卜素。我想,如果不是人们一向把它当成菜蔬食用,而是炮制成为药物,加以装潢,其功效一定可以与人参旗鼓相当。

是一九四二年的冬天吧,日寇又对晋察冀边区进行"扫荡",我们照例是化整为零,和敌人周旋。我记得我和诗人曼晴是一个小组,一同活动。曼晴的诗朴素自然,我曾写短文介绍过了。他的为人,和他那诗一样,另外多一种对人诚实的热情。那时以热情著称的青年诗人很有几个,陈布洛是最突出的一个,很久见不到他的名字了。

我和曼晴都在边区文协工作,出来打游击,每人只发两枚手榴弹。我们的武器就是笔，和手榴弹一同挂在腰上的还有一瓶蓝墨水。我们都负有给报社写战斗通讯的任务。我们也算老游击战士了，两个人合计了一下，先转到敌人的外围去吧。

天气已经很冷了。山路冻冰，很滑。树上压着厚霜，屋檐上挂着冰柱，山泉小溪都冻结了。好在我们已经发了棉衣，穿在身上了。

一路上，老乡也都转移了。第一夜，我们两人宿在一处背静山坳拦羊的圈里，背靠着破木栅板，并身坐在羊粪上，只能避避夜来寒风，实在睡不着觉的。后来，曼晴就用《羊圈》这个题目，写了一首诗。我知道，就当寒风刺骨、几乎是露宿的情况下，曼晴也没有停止他的诗的构思。

第二天晚上，我们游击到了一个高山坡上的小村庄，村里也没人，门子都开着。我们摸到一家炕上，虽说没有饭吃，却好好睡了一夜。

清早，我刚刚脱下用破军装改制成的裤衩，想捉捉里面的群虱，敌人的飞机就来了。小村庄下面是一条大山沟，河滩里横倒竖卧都是大顽石，我们跑下山，隐蔽在大石下面。飞机沿着山沟上空，来回轰炸。欺侮我们没有高射武器，它飞得那样低，好像擦着小村庄的屋顶和树木。事后传说，敌人从飞机的窗口，抓走了坐在炕上的一个小女孩。我把这一情节，写进一篇题为《冬天，战斗的外围》的通讯，编辑刻舟求剑，给我改得啼笑皆非。

飞机走了以后，太阳已经很高。我在河滩上捉完裤衩里的虱子，肚子已经咕咕地叫了。

两个人勉强爬上山坡，发现了一小片胡萝卜地。因为战事，还没有收获。地已经冻了，我和曼晴用木棍掘取了几个胡萝卜，用手擦擦泥土，蹲在山坡上，大嚼起来。事隔四十年，香美甜脆，还好像遗留在唇齿之间。

今晚喝着胡萝卜棒子面粥，忽然想到此事。即兴写出，想寄给自从一九六六年以来，就没有见过面的曼晴。听说他这些年是很吃了一些苦头的。

一九七八年十二月二十日夜

文字生涯

　　二十年代中期，我在保定上中学。学校有一个月刊，文艺栏刊登学生的习作。

　　我的国文老师谢先生是海音社的诗人，他出版的诗集，只有现在的袖珍月历那样大小，诗集的名字已经忘记了。

　　这证明他是"五四"以后，从事新文学运动的人物，但他教课，却喜欢讲一些中国古代的东西。另有一个特别的地方，是他从预备室走出来，除去眼睛总是望着天空，就是夹着一大堆参考书。到了课室，把参考书放在教桌上，也很少看他检阅，下课时又照样搬走，直到现在，我也没想通他这是所为何来。

　　每次发作文卷子的时候，如果谁的作文簿中间，夹着几张那种特大的稿纸，就是说明谁的作业要被他推荐给月刊发表了，同学们都特别重视这一点。

　　那种稿纸足足有现在的《参考消息》那样大，我想是因为当时的排字技术低，稿纸的行格，必须符合刊物实际的格式。

　　在初中几年间，我有幸在这种大稿纸上抄写过自己的作文，然后使它变为铅字印成的东西。高中时反而不能，大概是因为换了老师的缘故吧。

学校毕业以后，我也曾有靠投稿维持生活的雄心壮志，但不久就证明是一种痴心妄想，只好去当小学教师。这样一日三餐，还有些现实可能性，虽然也很不保险。

生活在青年人的面前，总是要展开新的局面的。伟大的抗日战争爆发了，写作竟出乎意料地成为我后半生的主要职业。

抗日战争，在中国共产党领导之下，是有枪出枪，有力出力。我的家乡有些子弟就是跟着枪出来抗日的。至于我们，则是带着一支笔去抗日。没有朱砂，红土为贵。穷乡僻壤，没有知名的作家，我们就不自量力地在烽火遍野的平原上驰骋起来。

油印也好，石印也好，破本草纸也好，黑板土墙也好，都是我们发表作品的场所。也不经过审查，也不组织评论，也不争名次前后，大家有作品就拿出来。群众认为：你既不能打枪，又不能放炮，写写稿件是你的职责；领导认为：你既是文艺干部，写得越多越快越好。

现在回想起来，那时的写作，真正是一种尽情纵意，得心应手，既没有干涉，也没有限制，更没有私心杂念的，非常愉快的工作。这是初生之犊，又遇到了好的时候：大敌当前，事业方兴，人尽其才，物尽其用。

全国解放以后，则是另外一种情形。思想领域的斗争被强调了，文艺作品的倾向，常常和政治斗争联系起来，作家在犯错误后，就一蹶不振。在写作上，大家开始执笔踌躇，小心翼翼起来。

但在解放初，战争时期的余风犹烈，进城以后，我还是写了不少东西。一九五六年大病之后，就几乎没有写。加上一九六六年以后的十年，我在写作上的空白阶段，竟达二十年之久。

人被"解放"以后，仍住在被迫迁居的一间小屋里。没有书看，从一个朋友的孩子那里借来一册大学用的文学教材，内有历代重要作品及其作者的介绍，每天抄录一篇来诵读。

患难余生，痛定思痛。我居然发哲人的幽思，想到一个奇怪的问题：在历史上，这些作者的遭遇，为什么都如此不幸呢？难道他们都是糊涂虫？假如有些聪明，为什么又都像飞蛾一样，情不自禁地投火自焚？我掩卷思考。思考了很长时间，得出这样一个答案：这是由文学事业的特性决定的。是现实主义促使他们这样干，是浪漫主义感召他们这样干。说得冠冕一些，他们是为正义斗争，是为人生斗争。文学是最忌讳说诳话的。文学要反映的是社会现实。文学是要有理想的，表现这种理想需要一种近于狂放的热情。有些作家遇到的不幸，有时是因为说了天真的实话，有时是因为过于表现了热情。

按作品来说，天才莫过于司马迁。这样一个能把三皇五帝以来的，错综复杂的历史，勒成他一家之言，并评论其得失，成为天下定论的人，竟因一语之不投机，下于蚕室，身受腐刑。他描绘了那么多的人物，难道没有从历史上吸取任何一点可以用之于自身的经验教训吗？

班固完成了可与《史记》媲美的《汉书》，他特别评论了他的先驱者司马迁，保存了那篇珍贵的材料——《报任少卿书》，使司马迁的不幸遭遇留传后世。班固的评论，是何等高超，多么有见识，但是，他竟因为投身于一个武人的幕下，最后瘐死狱中。对于自己，又何其缺乏先见之明啊！

历史经验，历史教训，即使是前人真正用血写下的，也并不是一定就能接受下来。历史情况，名义和手法在不断变化。例如，在二十世纪之末，世界文明高度发展之时，竟会出现林彪、"四人帮"，梦想在社会主义的中国，建立封建王朝。在"文化革命"的旗帜之下，企图灭绝几千年的民族文化。遂使艺苑凋残，文士横死，人民受辱，国家遭殃。这一切，确非头脑单纯，感情用事的作家们所能预见得到的。

鲁迅说过，读中国旧书，每每使人意志消沉，在经历一番患难之后，尤其容易如此。我有时也想：恐怕还是东方朔说得对吧，人之一生，一龙一蛇。或者准声而歌，投迹而行，会减少一些危险吧？

这些想法都是很不健康，近于伤感的。一个作家，不能够这样，也不应该这样。如上所述，作家永远是现实生活的真美善的卫道士。他的职责就是向邪恶虚伪的势力进行战斗。既是战斗，就可能遇到各色敌人，也可能遇到各种的牺牲。

在"四人帮"还没被揭露之前，有人几次对我说：写点东西吧，亮亮相吧。我说，不想写了，至于相，不是早已亮过了吗？在运动期间，我们不只身受凌辱，而且画影图形，传檄各地。老实讲，在这一时期，我不仅没有和那些帮派文人一较短长的想法，甚至耻于和他们共同使用那些铅字，在同一个版面上出现。

这时，我从劳动的地方回来，被允许到文艺组上班了。经过几年风雨，大楼的里里外外，变得破烂、凌乱、拥挤。但人们的精神面貌好像已经渐渐地从前几年的狂乱、疑忌、歇斯底里状态中恢复过来。一位调离这里的老同志留给我一张破桌子。据说好的办公桌都叫进来占领新闻阵地的人占领了。我自己搬来一张椅子，在组里坐下来。组长向全组宣布了我的工作：登记来稿，复信；并郑重地说：不要把好稿退走了。说良心话，组长对我还过得去。他不过是担心我受"封资修"的毒深而且重，不能鉴赏"帮八股"的奥秘，而把他们珍视的好稿遗漏。

我是内行人，我知道我现在担任的是文书或见习编辑的工作。我开始拆开那些来稿，进行登记，然后阅读。据我看，来稿从质量看，较之前些年，大大降低了。作者们大多数极不严肃，文字潦草，内容雷同。语言都是从报上抄来。遵照组长的意旨，我把退稿信写好后，连同稿件推给旁边一位同事，请他复审。

这样工作了一个时期，倒也相安无事。我只是感到，每逢我无事，坐在窗前一张破旧肮脏的沙发上休息的时候，主任进来了，就向我怒目而视，并加以睥睨。这也没什么，这些年我已经锻炼得对一切外界境遇，麻木不仁。我仍旧坐在那里。可以说既无戚容，亦无喜色。

同组有一位女同志，是熟人，出于好心，她把我叫到她的位置那里，对我进行帮助。她和蔼地说：

"你很长时间在乡下劳动，对于当前的文艺精神，文艺动态，不太了解吧？这会给工作带来很大困难。"

"唔。"我回答。

她桌子上放着一个小木匣，里面整整齐齐装着厚厚的一叠卡片。她谈着谈着，就拿出一张卡片念给我听，都是林彪和江青的语录。

当时，林彪和江青关于文艺的胡说八道，被当作金科玉律来宣讲。显然，他们比马克思和恩格斯还具有权威性，还受到尊重。他们的聪明才智，也似乎超过了古代哲人亚里士多德。我不知这位原来很天真的女同志，心里是怎样想的，她的表情非常严肃认真。

等她把所有的卡片，都讲解完了，我回到我的座位上去。我默默地想：古代的邪教，是怎样传播开的呢？是靠教义，还是靠刀剑？第二次世界大战之初，为什么有那么多的人，跟着希特勒这样的流氓狂叫狂跑？除去一些不逞之徒，惟恐天下不乱之外，其余大多数人是真正地信服他，还是为了暂时求得活命？

中午，在食堂吃过饭，我摆好几张椅子，枕着一捆报纸，在办公室睡觉，这对于几年来，过着非常生活的我，可以说是一种暂时的享受。天气渐渐冷了，我身上盖着一件破旧的抗日战争时期的战利品，日本军官的黄呢斗篷。触景伤情地想：在那样残酷的年代，在野蛮的日本军国主义面前，我们的文艺队伍，我们的兄弟，也没有这几年在林彪、江青等人的毒害下，如此惨重的伤亡和损失。而灭绝人性的林彪竟说，这个损失，最小最小最小，比不上一次战役，比不上一次瘟疫。

一九七八年十二月十一日

包袱皮儿

今年国庆节，在石家庄纺纱厂工作的大女儿来看望我。她每年来天津一次，总是选择这个不冷不热的季节。她从小在老家，跟着奶奶和母亲，学纺线织布，家里没有劳动力，她还要在田地里干活，到街上的水井去担水。十六岁的时候，跟我到天津，因为家里人口多，我负担重，把她送到纱厂。老家旧日的一套生活习惯，自从她母亲去世以后，就只有她知道一些了。

她问我有什么活儿没有，帮我做一做。我说："没有活儿。你长年在工厂不得休息，就在这里休息几天吧。"

可是她闲不住，闷得慌。新近有人给我买了两把藤椅，天气冷了，应该做个棉垫。我开开柜子给她找了些破布。我用的包袱皮儿，都是她母亲的旧物，有的是在"文化大革命"期间，被赶到小房子里，她带病用孩子们小时的衣服，拆毁缝成的。其中有一个白底紫花纹的，是过去日本的"人造丝"。我问她："你还记得这个包袱皮吗？"

她说："记得。爹，你太细了，很多东西还是旧的，过去很多年的。"

"不是细。是一种习惯。"我说,"东西没有破到实在不能用,我就不愿意把它扔掉。我铺的褥子,还是你在老家纺的粗线,你母亲织的呢!"

我找出了一条破裤和一件破衬衫,叫她去做椅垫,她拿到小女儿的家里去做。小女儿说:"我这里有的是新布,用那些破东西干什么?"

大女儿说:"咱爹叫用什么,我就只能用什么。"

那里有缝纫机,很快她就把椅垫做好拿回来了。

夜晚,我照例睡不好觉。先是围绕着那个日本"人造丝"包袱皮儿,想了很久:年轻时,我最喜爱书,妻最喜爱花布。那时乡下贩卖布头的很多,都是大城市裁缝铺的下脚料。有一次,去子文镇赶集,我买了一部石印的小书,一棵石榴树苗,还买了这块日本人造丝的布头,回家送给了妻子。她很高兴,说花色好看,但是不成材料,只能做包袱皮儿。她一直用着,经过抗日战争,解放战争,又带到天津,经过"文化大革命",多次翻箱倒柜地抄家,一直到她去世。她的遗物,死后变卖了一些,孩子们分用了一些。眼下就只有两个包袱皮儿了。这一件虽是日本"人造丝",当时都说不坚实耐用,经历了整整五十年,它只有一点折裂,还是很完好的。而喜爱它、使用它的人,亡去已经有十年了。

我艰难入睡,梦见我携带妻儿老小,正在奔波旅行。住在一家店房,街上忽然喊叫,发大水了。我望见村外无边无际,滔滔的洪水。我跑到街上,又跑了回来,面对一家人发急,这样就又醒来了。

清晨,我对女儿叙述了这个梦境。女儿安慰我说:"梦见水了好,梦见大水更好。"

我说:"现在,只有你还能知道一些我的生活经历。"

一九八三年十月十二日晨

菜　花

每年春天，去年冬季贮存下来的大白菜，都近于干枯了，做饭时，常常只用上面的一些嫩叶，根部一大块就放置在那里。一过清明节，有些菜头就会鼓胀起来，俗话叫做菜怀胎。慢慢把菜帮剥掉，里面就露出一株连在菜根上的嫩黄菜花，顶上已经布满像一堆小米粒的花蕊。把根部铲平，放在水盆里，安置在书案上，是我书房中的一种开春景观。

菜花，亭亭玉立，明丽自然，淡雅清净。它没有香味，因此也就没有什么异味。色彩单调，因此也就没有斑驳。平常得很，就是这种黄色。但普天之下，除去菜花，再也见不到这种黄色了。

今年春天，因为忙于搬家，整理书籍，没有闲情栽种一株白菜花。去年冬季，小外孙给我抱来了一个大旱萝卜，家乡叫做灯笼红。鲜红可爱，本来想把它雕刻成花篮，撒上小麦种，贮水倒挂，像童年时常做的那样。也因为杂事缠身，胡乱把它埋在一个花盆里了。一开春，它竟一枝独秀，拔出很高的茎子，开了很多的花，还招来不少蜜蜂儿。

这也是一种菜花。它的花，白中略带一点紫色，给人一种清冷的感觉。它的根茎俱在，营养不缺，适于放在院中。正当花开得繁盛之时，被邻家的小孩，揪得七零八落。花的神韵，人的欣赏之情，差不多完全丧失了。

今年春天风大，清明前后，接连几天，刮得天昏地暗，厨房里的光线，尤其不好。有一天，天晴朗了，我发现桌案下面，堆放着蔬菜的地方，有一株白菜花。它不是从菜心那里长出，而是从横放的菜根部长出，像一根老木头长出的直立的新枝。有些花蕾已经开放，耀眼的光明。我高兴极了，把菜帮菜根修了修，放在水盂里。

我的案头，又有一株菜花了。这是天赐之物。

家乡有句歌谣：十里菜花香。在童年，我见到的菜花，不是一株两株，也不是一亩二亩，是一望无边的。春阳照佛，春风吹动，蜂群轰鸣，一片金黄。那不是白菜花，是油菜花。花色同白菜花是一样的。

一九四六年春天，我从延安回到家乡。经过八年抗日战争，父亲已经很见衰老。见我回来了，他当然很高兴，但也很少和我交谈。有一天，他从地里回来，忽然给我说了一句待对的联语：丁香花，百头，千头，万头。他说完了，也没有叫我去对，只是笑了笑。父亲做了一辈子生意，晚年退休在家，战事期间，照顾一家大小，艰险备尝。对于自己一生挣来的家产，爱护备至，一点也不愿意耗损。那天，是看见地里的油菜长得好，心里高兴，才对我讲起对联的。我没有想到这些，对这副对联，如何对法，也没有兴趣，就只是听着，没有说什么。当时是应该趁老人高兴，和他多谈几句的。没等油菜结籽，父亲就因为劳动后受寒，得病逝世了。临终，告诉我，把一处闲宅院卖给叔父家，好办理丧事。

现在，我已衰暮，久居城市，故园如梦。面对一株菜花，忽然想起很多往事。往事又像菜花的色味，淡远虚无，不可捉摸，只能引起惆怅。

人的一生，无疑是个大题目。有不少人，竭尽全力，想把它撰写成一篇宏伟的文章。我只能把它写成一篇小文章，一篇像案头菜花一样的散文。菜花也是生命，凡是生命，都可以成为文章的题目。

一九八八年五月二日灯下写讫

吃菜根

人在幼年，吃惯了什么东西，到老年，还是喜欢吃。这也是一种习性。

我在幼年，是吃五谷杂粮长大的，是吃蔬菜和野菜长大的。如果说，到了现在，身居高楼，地处繁华，还不忘糠皮野菜，那有些近于矫揉造作；但有些故乡的食物，还是常常想念的，其中包括"甜疙瘩"。

甜疙瘩是油菜的根部，黄白色，比手指粗一些，肉质松软，切断，放在粥里煮，有甜味，也有一些苦味，北方农民喜食之。

蔓菁的根部，家乡也叫"甜疙瘩"。两种容易相混，其食用价值是一样的。

母亲很喜欢吃甜疙瘩，我自幼吃的机会就多了，实际上，农民是把它当作粮食看待，并非佐食材料。妻子也喜欢吃，我们到了天津，她还在菜市买过蔓菁疙瘩。

我不知道，当今的菜市，是否还有这种食物，但新的一代青年，以及他们的孩子，肯定不知其为何物，也不喜欢吃它的。所以我偶然得到一点，总是留着自己享用，绝不叫他们尝尝的。

古人常用嚼菜根，教育后代，以为菜根不只是根本，而且也是一种学问。甜味中略带一种清苦味，其妙无穷，可以著作一本"味根录"。其作用，有些近似忆苦思甜，但又不完全一样。

事实是：有的人后来做了大官，从前曾经吃过苦菜。但更多的人，吃了更多的苦菜，还是终身受苦。叫吃巧克力奶粉长大的子弟"味根"，子弟也不一定能领悟其道；能领悟其道的，也不一定就能终身吃巧克力和奶粉。

我的家乡，有一种地方戏叫"老调"，也叫"丝弦"。其中有一出折子戏叫"教学"。演的是一个教私塾的老先生，天寒失业，沿街叫卖，不停地吆喝："教书！""教书！"最后，抵挡不住饥肠辘辘，跑到野地里去偷挖人家的蔓菁。

这可能是得意的文人，写剧本奚落失意的文人。在作者看来，这真是斯文扫地了，必然是一种"失落"。因为在集市上，人们只听见过卖包子，卖馒头的吆喝声，从来没有听见过卖"教书"的吆喝声。

其实，这也是一种没有更新的观念，拿到商业机制中观察，就会成为宏观的走向。

今年冬季，饶阳李君，送了我一包油菜甜疙瘩，用山西卫君所赠棒子面煮之，真是余味无穷。这两种食品，用传统方法种植，都没有使用化肥，味道纯正，实是难得的。

一九八九年一月九日试笔

拉洋片

劳动、休息、娱乐，构成了生活的整体。人总是要求有点娱乐的。

我幼年的时候，每逢庙会，喜欢看拉洋片。艺人支架起一个用蓝布围绕的镜箱，留几个眼孔，放一条板凳，招揽观众。他自己站在高凳上，手打锣鼓，口唱影片的内容情节，给观众助兴。同时上下拉动着影片。

也就是五六张画片，都是彩画，无非是一些戏曲故事，有一张惊险一些，例如人头落地之类。最后一张是色情的，我记得题目叫"大闹瓜园"。

每逢演到这一张的时候，艺人总是眉飞色舞，唱词也特别朦胧神秘，到了热闹中间，他喊一声："上眼！"然后在上面狠狠盖上一块木板，镜箱内顿时漆黑，什么也看不见了。

他下来一一收钱，并做鬼脸对我们说：

"怎么样小兄弟，好看吧？"

这种玩意，是中国固有，可能在南宋时就有了。

以后，有了新的洋片。这已经不是拉，而是推。影架有一面影壁墙那么大，有两个艺人，各站一头，一个人把一张张的照片推过去，那一个人接住，放在下一格里推回。镜眼增多了，可容十个观众。

他们也唱，但没有锣鼓。照片的内容，都是现实的，例如天津卫的时装美人，杭州的风景等等。

可惜我没有坐下来看过，只看见过展露的部分。

后来我在北平，还在天桥拉洋片的摊前停留，差一点叫小偷把钱包掏去。

其实，称得起洋字的，只是后一种。不只它用的照片，与洋字有关，照片的内容，也多见于十里洋场的大城市。它更能吸引观众，敲锣打鼓的那一种，确是相形见绌了。

有了电影以后，洋片也就没有生意了。

影视二字，包罗万象，妙不可言。如果说是窗口，则窗口越大，看得越远，越新奇越好。

有一个村镇，村民这些年收破烂，炼铝锭、铜锭，发了大财，盖起新房，修了马路，立集市，建庙会，请了两台大戏来演唱，热闹非凡。一天夜里，一个外地人，带了一台放像机来，要放录像。消息传开，戏台下的青年人，一哄而散，都看录像去了。台下只剩几个老头老婆，台上只好停演。

一部不声不响进村的录像，立刻夺走了两台紧锣密鼓的大戏，就因为它是外来的，新奇的，神秘的。

我想，那几个老头老婆，如果不是观念还没有更新，碍于情面，一定也跟着去开眼了。

理论界从此再也不争论，现代派和民族派，究竟谁能战胜谁的问题了。

一九八九年一月十日

看 电 视

从去年八月间，迁入新居以后，我有了一台电视机。

搬入新居，不同旧地，要有一个人作伴，小孙子来了。他在我身边，很拘束，也很闷，不大安心，我的女儿就把她家换下来的，一台黑白十二时电视，搬来放在小孙子的房间。

后来，小孙子终于走了，我搬到他的房间睡觉，就享有了这台电视机。

多少年来，我一直没有购置这种玩意儿，也没有正式看过。现在，一个人坐在屋里，暖气烧得很旺，太阳照满全屋，窗明几净，粉壁无瑕，抚今思昔，顿时有一种苦尽甘来、晚景如春之感。这正是需要锦上添花之时，按照小孙子教给我的做法，随手就打开了电视。

有一个大圆球显示在我的眼前，里面在放送音乐。音乐我也听。这二年，我每天晚上听流行音乐；每天早上听西洋名曲。时间长了，还真是听出了一些味道。

听完音乐，不久就是电大的植物学课程，我接着看。这位教授很有学者风度,讲得也好。我在中学就喜欢植物学,考试成绩不错。现在一听这个科,那个目,还有很有兴趣。听着这种课程,我的心情总是非常平静,走进忘我的境界。它不同于看报纸、读文件、听广播。这里没有经济问题,也没有政治问题。没有历史,也没有现实。它不会引起思想波动,思想斗争。它只是说明自然界的进化现象,花和叶的生长规律。没有新观念和旧观念的冲突,意识形态的混乱,以及修辞造句的胡说八道。

植物学,今天就讲到这里。下面是动物世界。以前很多朋友劝我买电视机,都说:别的不看,新闻联播和动物世界,还是可以看看的。先是海底世界,大鱼吃小鱼;陆上,弱肉强食,有的生角才能保护自己,有的生刺才能得安生。寻食、追逐、交配,赤裸裸的一种凶残、贪婪之象,充满画面。讲解员说:大鱼吃小鱼,是为了自然界的生态平衡,不然小鱼就会臭在海底,对人类不利。既是动物世界,看着看着,就不能不联想到人类:战争、饥荒、洪水、蝗虫,加上地震、人为的灾难,是否也是大自然在冥冥之中,为了生态平衡,而不得不采取的措施?

这是哲学,不愿想,电视也不愿看了。刚要关上,荧光屏上出现了一个白胡子老头。在童年,每逢听故事遇到难题时,就会出现一个白胡子老头。

这是名人名言节目,泰戈尔说:把友谊献给别人,是本身的一种快乐。

我上中学时,就不喜欢动物学,但对文学家的话,还是相信的。

下面是英语教学,这位外国女教师,教得多么好。我从十二岁学习英文,学了整整八年。经历的英文教师,男的女的,有十几位,谁也没有这位女士教得好。我聚精会神地听着,看着。我没有别的野心,不想出国留学,也不想交外国朋友。我只是想证实一下,当初废寝忘食学了那么多年的英文,我现在还记得多少。

各地风光,我也爱看。现在正介绍五台山和尚们的生活。五台山,和尚们,久违了。抗日战争期间,我曾在北台顶一家大寺院,和僧人们睡在一条烧得很暖的炕上,和他们交了朋友,至今念念不忘。

一位故去的女作家曾说:看破红尘的人,是世界上最自私的人。但在逝世前,她又说:她要去成仙成佛了。这使我迷惑不解。据我想:在家出家,做官为民,都要吃饭。庙宇成为旅游胜地之后,香火虽多,却已不是静修之处。

在南北朝时出家,是最阔气的了,那时,不管南方北方,都崇尚佛教,寺庙盖得最讲究,皇帝皇太后都支持。僧尼吃的穿的,实非现在所能比拟。古今僧尼的心态,恐怕也有些不同吧。

当前有一种新口号,叫"迎接挑战"。有的人喊着这种口号,官品越来越高,待遇越来越丰厚,叫的劲头也就越大。他养尊处优,一点战斗的气息也没有,一点危险也没有。这只能看作是时代英雄的"口头禅",远没有僧尼的呢喃可信。

孩子们看见我这样入迷,都很高兴,说:"早就劝你买一台,你就是不买,你看多好,回头换一台彩色的吧!"

一九八九年一月十三日写讫

记春节

如果说我也有欢乐的时候，那就是童年，而童年最欢乐的时候，则莫过于春节。

春节从贴对联开始。我家地处偏僻农村，贴对联的人家很少。父亲在安国县做生意，商家讲究对联，每逢年前写对联时，父亲就请写好字的同事，多写几副，捎回家中。

贴对联的任务，是由叔父和我完成。叔父不识字，一切杂活：打糨糊、扫门板、刷贴，都由他做。我只是看看父亲已经在背面注明的"上、下"两个字，告诉叔父，他按照经验，就知道分左右贴好，没有发生过错误。我记得每年都有的一副是：荆树有花兄弟乐，砚田无税子孙耕。这是父亲认为合乎我家情况的。

以后就是竖天灯。天灯，村里也很少人家有。据说，我家树天灯，是为父亲许的愿。是一棵大杉木，上面有一个三角架，插着柏树枝，架上有一个小木轮，系着长绳。竖起以后，用绳子把一个纸灯笼拉上去。天灯就竖在北屋台阶旁，村外很远的地方，也可以望见。母亲说：这样行人就不迷路了。

再其次就是搭神棚。神棚搭在天灯旁边,是用一领荻箔。里面放一张六人桌,桌上摆着五供和香炉,供的是全神,即所谓天地三界万方真宰。神像中有一位千手千眼佛,幼年对她最感兴趣。人世间,三只眼、三只手,已属可怕而难斗。她竟有如此之多的手和眼,可以说是无所不见,无所不可捞取,能量之大,实在令人羡慕不已。我常常站在神棚前面,向她注视,这样的女神,太可怕了。

五更时,母亲先起来,把人们叫醒,都跪在神棚前面。院子里撒满芝麻秸,踩在上面,吧吧作响,是一种吉利。由叔父捧疏,疏是用黄表纸,叠成一个塔形,其中装着表文,从上端点着。母亲在一旁高声说:"保佑全家平安。"然后又大声喊:"收一收!"这时那燃烧着的疏,就一收缩,噗地响一声。"再收一收!"疏可能就再响一声。响到三声,就大吉大利。这本是火和冷空气的自然作用,但当时感到庄严极了,神秘极了。

最后是叔父和我放鞭炮。我放的有小鞭,灯炮,墊子鼓。春节的欢乐,达到高潮。

这就是童年的春节欢乐。年岁越大,欢乐越少。二十五岁以后,是八年抗日战争的春节,枪炮声代替了鞭炮声。再以后是三年解放战争、土地改革的春节。以后又有"文化大革命"隔离的春节,放逐的春节,牛棚里的春节等等。

前几年,每逢春节,我还买一挂小鞭炮,叫孙儿或外孙儿,拿到院里放放,我在屋里听听。自迁入楼房,连这一点高兴,也没有了。每年春节,我不只感到饭菜、水果的味道,不似童年,连鞭炮的声音也不像童年可爱了。

今年春节，三十晚上，我八点钟就躺下了。十二点前后，鞭炮声大作，醒了一阵。欢情已尽，生意全消，确实应该振作一下了。

一九九〇年二月二日上午

一本小书的发现

前些日子,忽然接到老朋友陈肇的一封信,内称:"报告你个好消息:几十年来未曾找到的,你在通讯社写的那本《论通讯员及通讯写作诸问题》,今天在北京图书馆找到了(不是原本,是翻印本)。他们可供复制,可供抄写,你考虑一下用什么办法复制下来?"

他说的"今天",就是他写信的五月二十七日。肇公是久病之人,但他这封信,写得清楚通畅,看来也是因为这一件事而高兴。我们都是晋察冀通讯社的最初成员,他当然也参加了这本小书的"集体讨论",我是"执笔"者。

我喜出望外,对于这本小书,我可以说是梦寐以求的。随即给他复信:如果精力来得及,希望设法复印一本,费用由我来出。又考虑,他是有病之人,就又给在北京工作的二女儿写信,叫她去陈伯伯那里商量这件事。

不久,女儿回信说,她去了陈伯伯家。看到陈伯伯走路十分艰难,陈伯母双腿已不能行走,只能坐在藤椅上,看上去,已失去了说话的能力。看到这里,我的心情,又沉重起来,原来的高兴劲，顿时凉了一半。我们这一辈人，现在都老了！

肇公还是帮她找了，发见这本书的曹国辉同志，也是晋察冀的老人。曹同志告诉女儿复制的手续。

过了几天，女儿来信说：北京图书馆善本书室，规章制度很严格，经过多种手续，并经主任批示，她才见到了这本小书：三十二开，五十五页，铅印。封皮、封底，用一种黄色薄牛皮纸包着，用毛笔写的书名（竖写），封底有一个依稀可见的方戳：北京东安市场旧书店。

据此可知，书的原有封面及封底，已经破损。但据书皮上写的"抗敌报社经售"字样，我仍断定为原印本，并非翻印本。

书已经拍照、复印，即将寄来。

难得呀，难得！

经过五十多年，它究竟怎样留存下来？谁保存了它？怎样到了北京的古旧书店？又怎样到了北图的善本书室？都无从考查，也没有必要去考查了。

我只在这里，感谢善本书室，感谢曹同志，感谢肇公和我的女儿，他们使我临近晚年，能够看到青年时期写的、本已绝望的书。

这本小书，写于一九三九年十月，出版于一九四〇年四月。地点是阜平。

它现在陈列在北京图书馆，就像那些战争年代遗留下来的老式枪支、手榴弹，陈列在历史博物馆里一样。

一九九〇年六月十五日记，时患感冒

故园的消失

土改后,老家剩下三间带耳房的北屋。举家来津后,先是生产大队放置农具,原来母亲放在屋里的一些木料和杂物,当家本院的,都拿去用了,连两条木炕沿也拆走了。但每年雨季,他们见房子坍塌漏雨,也给修理修理。后来房顶茅草丛生,房基歪斜,生产队也没有了,就没有人再愿意管它。

村支部书记曾给我来过一封信,说明这种情况,问我如何处理。那时外面事情很多,我心里乱糟糟,实在顾不上这些事,就写了一封回信,大意是:也不拆,也不卖,听其自然,倒了再说。

后来知道,这座老屋,除去有倒塌的危险,还妨碍着村里新的街道规划。"文化大革命"后不久,当捐献集资之风刮起的时候,村里来了三个人:老支书、新支书和一个老贫农团员。我先安排他们找了个旅舍住下,并说明我这里没有人做饭,给了他们三十元钱,到附近饭馆用餐。第二天上午,才开始谈话。

他们说村里想新建一所小学校,县里又不给拨款,所以出来找找在外地工作的同志。

我开门见山地说，建小学，每个人都有责任。从我在村里上小学时，就没有一个正规的校舍，都是借用人家的闲房闲院。可是，你们不能对我抱过高的希望。村里传说我有多少钱，那都是猜想。我没有写出很红的书，销数都不大。过去倒是存了一些稿费，"文化大革命"时，大部分都上缴了。现在老了，也写不了多少东西，稿费也很低。我说着，从书柜里拿出新出版的一本散文集，对他们说：

"这样一本书，要写一年多，人家才给八百元。你们考虑过那几间破房吗？"

"倒是考虑过。"老支书说。

我说："有两个方案：一个是我给你们两千元。一个是你们回去把旧房拆了卖了，我再给一千元。"

他们显然有些失望，同意了第二个方案。并把我给他们的饭费还给了我，说这是因公出差，回去可以报销，就告辞了。

又过了些日子，听说有报纸报道了我捐资兴学的消息，县里也来信表扬，我都认为是小题大做。后来，本乡的乡长又来了，说是想把新盖的小学，以我的名字命名。我说："别开玩笑。我拿两千块钱，就可以命名一所小学；如果拿两万，岂不是可以命名一所大学了吗？我的奉献是很微薄的，我们那里如果有个港商就好了。"

"你给题个校名吧！"乡长说。

我说："我的字写不好，也不想写。回去找个写好字的给写一下吧。"

我送给他一本《风云初记》和一本《芸斋小说》。

这件事就结束了。至此，老家已经是空白，不再留一草一木，一砖一瓦。这标志着：父母一辈人的生活经历，生活方式，生活志趣，生活意向的结束。也是一个从无到有，又从有到无的自然过程。

但老屋也留下了一张照片，这是儿子那年出差路经我村时拍摄的。可以看到，下沉的房基，油漆剥尽的屋门，空荡透风的窗棂，房前的杂草树枝，墙边的一只觅食的母鸡。儿子并说：他拍照时，并没有碰见一个村里的人。

芸斋主人曰：余少小离家，壮年军伍。虽亦眷恋故土，实少见屋顶炊烟。中间并有有家不得归者三次，时间相加十余年。回味一生，亲人团聚之情少，生离死别之痛多。漂萍随水，转蓬随风，及至老年，萍滞蓬摧，故亦少故园之梦矣。惟祝家乡兴旺，人才辈出而已。

一九九一年五月三十日

残瓷人

这是一个小女孩的白瓷造像。小孩梳两条小辫,只穿一条黄色短裤。她一手捧着一只小鸟,一手往小鸟的嘴中送食,这样两手和小鸟,便连成了一体。

这是我一九五一年,从国外一个小城市买回的工艺品。那时进城不久,我住在一个大院后面,原来是下人住的小屋里,房间里空空,我把它放在从南市旧货摊上买回的一个樟木盒子里。后来,又放进一些也是从旧货摊上买来的小玩意儿,成了我的百宝箱。

有一年,原在冀中的一位老战友来看我。我想起在抗日战争时期,我过封锁线,他是军分区的作战科长,常常派一个侦察员护送我,对我有过好处,一时高兴,就把百宝箱打开,请他挑几件玩意儿。他选了一对日本烧制的小花瓶,当他拿起这个小瓷人的时候,我说:

"这一件不送,我喜欢。"

他就又放下了。为了表示歉意,我送了他一张董寿平的杏花立轴，他高兴极了。

后来，我的东西多了，买了一个玻璃柜，专放瓷器，小瓷人从破木盒升格，也进入里面。"文化大革命"，全被当作"四旧"抄走了。其实柜子里，既没有中国古董，更没有外国古董。它不过是一件哄小孩的瓷器，底座上标明定价，十六个卢布。

落实政策，瓷器又发还了。这真是有组织有计划的抄家，东西保存得很好，一件也没有损失，小瓷人也很好。

我已经没有心情再玩弄这些东西，我把它们放在一个稻草编的筐子里。一九七六年大地震，我屋里的瓷器，竟没有受损，几个放在书柜上的瓶子，只是倒在柜顶上，并没有滚落下来。小瓷人在草筐里，更是平安无事。

但地震震裂了屋顶。这是旧式房，天花板的装饰很重，一天夜里下雨，屋漏，一大块天花板的边缘部分，坠落下来，砸倒了草筐，小瓷人的两只手都断了。

我几经大劫，对任何事物，都没有了惋惜心情。但我不愿有残破的东西，放在眼前身边。于是，我找了些胶水，对着阳光，很仔细地把它的断肢修复，包括几片米粒大小的瓷皮，也粘贴好了。这些年，我修整了很多残书，我发现自己在修修补补方面，很有一些天赋。如果不是现在老眼昏花，我真想到国家的文物部门，去谋个差事。

搬家后，我把小瓷人带入新居，放在书案上。不知为什么，我忽然有些伤感了。我的一生，残破印象太多了，残破意识太浓了。大的如"九一八"以后的国土山河的残破，战争年代的城市村庄的残破。"文化大革命"的文化残破，道德残破。个人的故园残破，亲情残破，爱情残破……我想忘记一切。我又把小瓷人放回筐里去了。

司马迁引老子之言：美好者不祥之器。我曾以为是哲学之至道，美学的大纲。这种想法，当然是不完整的，很不健康的。

一九九二年一月三十日下午，大风

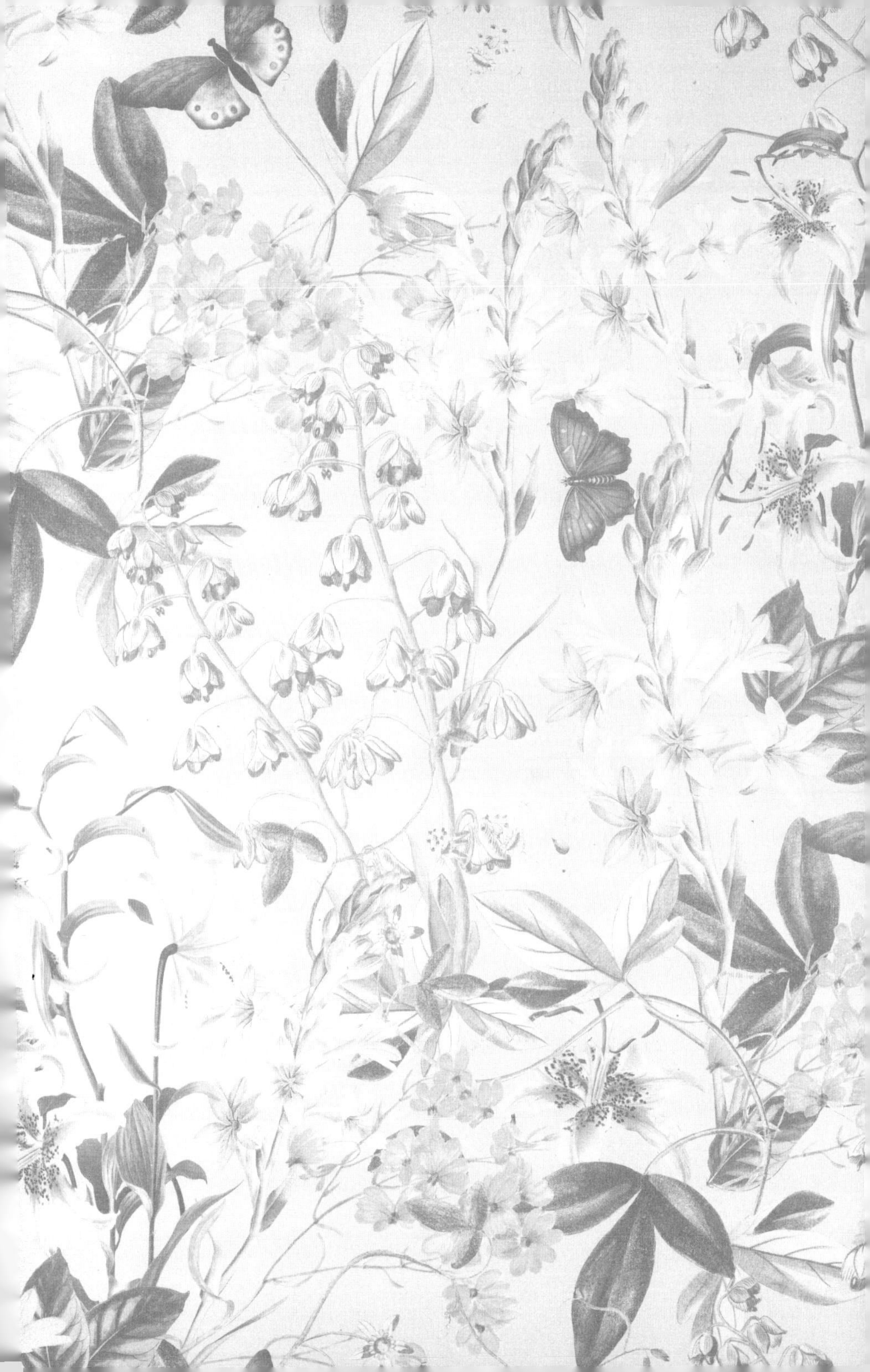

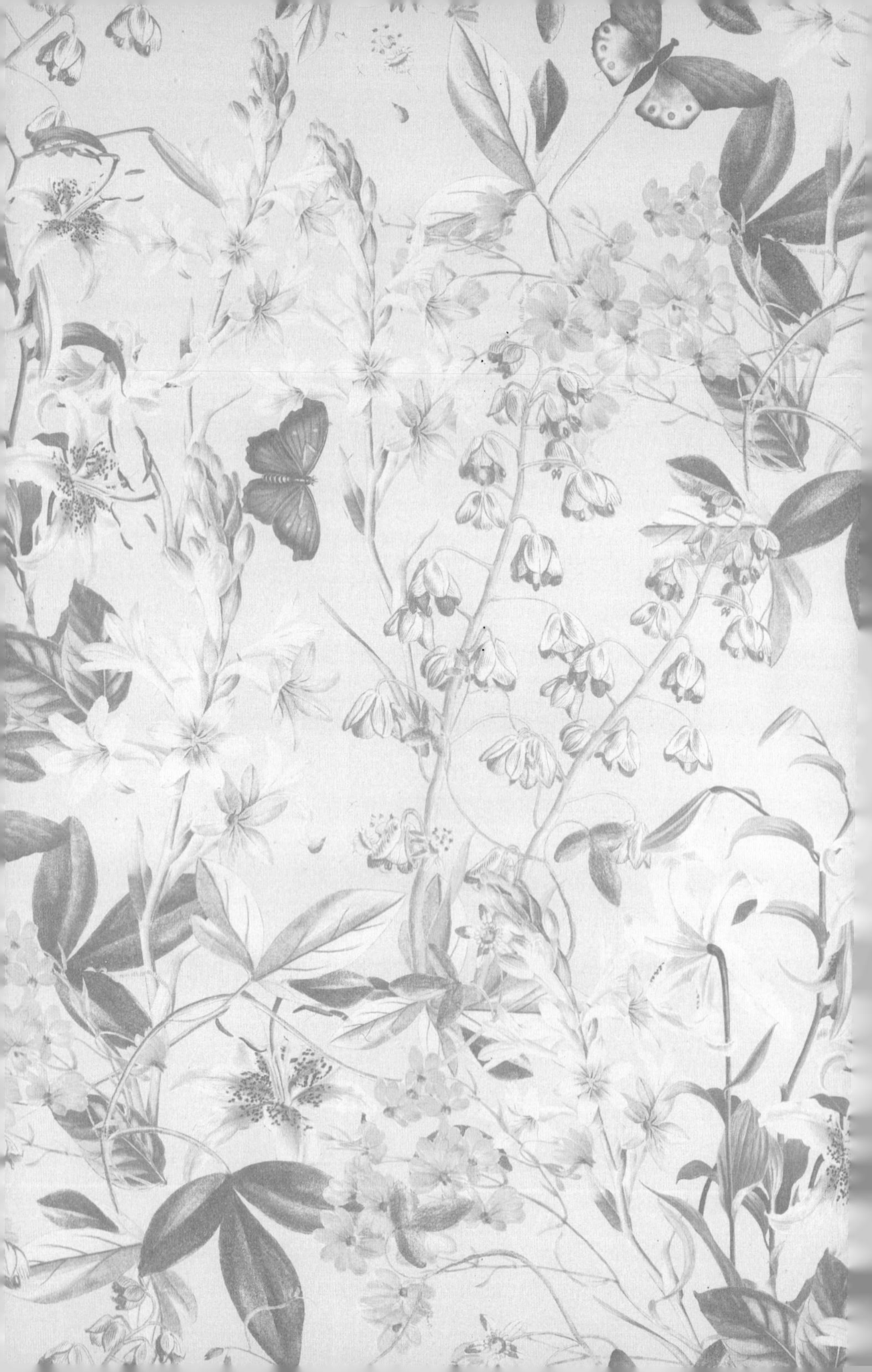